短视频和图像将改变司法的许多习惯和做法,
这是科技与社会发展的结果。
不是社会发展适应司法,而是司法适应社会发展。

北京大学通选课实录

图像与法律

吴志攀　张纯　著

GRAPHIC
and
LAW

北京大学出版社
PEKING UNIVERSITY PRESS

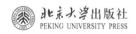

图书在版编目（CIP）数据

图像与法律 / 吴志攀，张纯著 . — 北京：北京大学出版社，2022.8
ISBN 978-7-301-32758-6

Ⅰ . ①图… Ⅱ . ①吴… ②张… Ⅲ . ①图像—法律—研究—中国 Ⅳ . ① D920.4

中国版本图书馆 CIP 数据核字（2021）第 267235 号

书　　　名	图像与法律 TUXIANG YU FALÜ
著作责任者	吴志攀　张纯　著
责 任 编 辑	田鹤　陈康
标 准 书 号	ISBN 978-7-301-32758-6
出 版 发 行	北京大学出版社
地　　　址	北京市海淀区成府路 205 号　100871
网　　　址	http://www.pup.cn　http://www.yandayuanzhao.com
电 子 信 箱	yandayuanzhao@163.com
新 浪 微 博	@ 北京大学出版社　@ 北大出版社燕大元照法律图书
电　　　话	邮购部 010-62752015　发行部 010-62750672 编辑部 010-62117788
印 刷 者	北京中科印刷有限公司
经 销 者	新华书店 730 毫米 ×980 毫米　16 开本　21.25 印张　269 千字 2022 年 8 月第 1 版　2023 年 3 月第 2 次印刷
定　　　价	69.00 元

未经许可，不得以任何方式复制或抄袭本书之部分或全部内容。
版权所有，侵权必究
举报电话：010-62752024　电子信箱：fd@pup.pku.edu.cn
图书如有印装质量问题，请与出版部联系，电话：010-62756370

前 言

本书是我2020年在北京大学法学院讲"图像与法律"通选课的文字整理稿。

我先说一下，为什么要研究图像与法律这个课题。

我关注"图像学"以及"图像与文学""图像与历史""图像与政治"等内容，已有一段时间了。后来我发现图像对法律也有影响，特别是手机可以上网传播图片和短视频后，对法律的影响更明显。例如，2019年西安女硕士哭诉新购60万元奔驰车漏油的短视频在网上传播后，最终使车主顺利维权。更早的，2012年浙江吴英集资诈骗案，最高人民法院没有核准死刑是否与吴英庭审图像网上传播引发社会舆论广泛同情相关？我认为，图像以及图像网上传播所引发的社会舆论，对司法判决会有一定的影响。再如，2019年北京民航总医院患者家属杀害杨文医生案，监控视频在网上传播，激起全国人民公愤。特别是在抗疫期间杀医，民愤极大。这个案件的审理与执行比以往快很多。

2020年还有一个法律界"现象级"的视频课，关注网民达到千万人，这就是罗翔老师讲授的刑法网课。法律网课的听众规模远超面授法律课N多倍。

还有公共场所的视频监控为法庭提供证据的例子，如高速公路、高铁站、机场、大型商场或社区超市的监控视频，司法机关调取视频回放，可以提高法庭质证环节的效率。

北京大学第三医院眼科专家张纯教授写了专章（本书第十一讲），介绍人眼在识别文字信息与图像信息时所用的时间差别，识别图像比文字速度快。这个研究结果解释了为什么手机短视频容易传播的视觉原因。

从国际方面看，2020 年 5 月，美国一名黑人因警察暴力执法致死，后来引发美国反对种族歧视的浪潮，美国社会分裂加剧，这一切都是由"我不能呼吸了"短视频在网上传播开始的。

2016 年"抖音"平台上线后，用比以往任何社交平台都短的时间，发展成为世界级社交平台。抖音的内容主要是短视频，而非纯文字。它给我们一个信号：信息社会已经进入图像和短视频时代。我们的生活和工作在其中，法律活动也在其中，因此不受影响是不可能的，问题是怎样适应时代的发展。

本书在出版过程中，得到许多老师、朋友、同事和同学的帮助，他们是翁习文、包康赟、李昂、郑舒倩、尉成栋、赵晓海、王登峰等。在信息搜索方面得到郑顺炎、傅英、陈青、陈炜恒、赖琬妮、李玮、段映红、余舟飏和丁宁老师等的帮助。特别要感谢北京大学出版社副总编辑蒋浩老师，他是第一个决定将我讲课的内容整理编辑出版的人。还要感谢田鹤编辑和陈康编辑的认真、专业和细致，才使书稿更符合出版要求。感谢贾鸿杰编辑、王楠楠编辑提出的宝贵意见。感谢刘文科、刘照编辑在前期所做的工作。

本书封面《忒弥斯》取得作者 Daiva Luksaite 的授权，得到了高嘉一同学的大力协助。插图《被直播的现场》得到了原画作者四川美术学院院长庞茂琨老师的授权，特此致谢！我还要感谢潘剑锋、郭雳、方建勋、彭冰、唐应茂、车浩、费海妮、仇浩然、王素军等老师提供的帮助，还有其他许多朋友给予我的各种帮助，我就不一一列名了，在此一并表示感谢。感谢北大法宝和视觉中国对本书的支持和帮助。最后，我还要感谢我的家人对我的支持，没有他们的帮助，我不可能改掉马虎大意的毛病。

书中一定有这样或那样的问题，请读者批评指教，我在修订时会改正。谢谢大家！

2022 年 7 月 18 日

目 录

第一讲	网络图像传播与法律面临的问题	001
第二讲	图像与非法集资	021
第三讲	图像与著作权	041
第四讲	图像与肖像权	063
第五讲	图像暴力与法律	085
第六讲	漫画与法律	101
第七讲	图像与医患关系	139
第八讲	刷脸与法律问题	155
第九讲	图像的创意保护边界	171
第十讲	图像与审判	199
第十一讲	视觉信息的力量	231
第十二讲	表情包的法律问题	261
第十三讲	偷拍照片和视频作为证据的合法性	285
第十四讲	图像时代与法治社会	309

第一讲
网络图像传播与法律面临的问题

我们先看一个短视频案例：

2019年2月25日，西安某女士与西安利之星汽车有限公司（以下简称"利之星"4S店）签订了分期付款购买全新进口奔驰CLS300汽车购车合同。3月27日，该女士提车后发现发动机存在漏油问题，与"利之星"4S店协商退换车辆，未果。此后，她多次与"利之星"4S店沟通，却被告知既无法退款也不能换车，只能按照"汽车三包政策"更换发动机。该女士无奈，到店里维权。2019年4月9日，该女士到"利之星"4S店协商，当晚要求"利之星"4S店签订退车退款的书面协议；4月11日，"奔驰女车主哭诉维权"的视频（图1-1）在网络上传播，迅速引发社会舆论关注。

接着，报纸等媒体开始反应——纸面媒体比网络要晚。报纸转载之后，地方电视台开始转播，并在社会频道或财经频道进行评论，此后央视的财经频道和新闻频道开始报道，舆论继续发酵。等到央视播报的时候，这个事情就"闹"大了，奔驰公司北京总部马上对此事发表声明——4月11日视频出现，4月13日就发表声明。奔驰公司也马上派工作组到西安去解决问题。

图1-2中，一边是工作组，另一边是当事人，中间坐的是地方市场监管部门的工作人员，记者也在，并且进行了录音录像，整个过程都是在媒体参与的情况下进行的。最终双方达成和解协议，换车或者退款，由"利之星"4S店全部负责。

图 1-1 奔驰女车主哭诉维权

图 1-2 奔驰女车主维权案调解现场

和解之后，事件在网上继续发酵，网民们发现事件中的这位女士还有其他的经济纠纷。网民们继续对当事人进行议论，这让她产生了非常大的压力，一度情绪失控。最后她接受电视台采访，对过去经商的一些事情进行说明，她说："一码是一码，人无完人，我也有缺点，但是这件事我没有错，其他的事情我们到法院去说。"我本人同意这种观点，就事论事，这件事她确实是有理的，因为车还没出 4S 店就漏油，这是很罕见的事情。

这件纠纷整个解决过程都得益于"奔驰女车主哭诉维权"视频，如果没有这个视频，这件事情或许不会这么顺利、这么快地解决，也不会得到换车、退钱都可以选择的处理结果。商业合同纠纷本来是可以走司法途径的，但是当事人不去法院，不主动到工商管理部门去投诉，也不通过"12315"消费者热线反映，而是直接把短视频发布到网上。之后，舆情自动发酵，当事人就等着工商部门找到"利之星"4S 店，与他们坐在一起谈判。

因为当事人把短视频发布到网上,引起了社会关注,解决问题的方法、时间、路径也就完全改变了。

为什么会有这样的改变呢?如果没有手机、没有这个视频、不能上网、视频不能传播,可能我们外地人就不会知道西安有个人买车出了问题——即便北京大学法学院有人买车出了质量问题我也可能不知道。西安与北京隔着一千多公里,我们居然能够知道有人买新车漏油了,还能够参与评论,这在以前是非常不可思议的。

当事人在视频中说不信天下就没有说理的地方,这句话对政府部门、司法部门来说是很刺激的——法院就是维持社会公道的,她为什么不去法院?司法系统就是专门负责处理相关问题的,当事人来立案,立案之后进行调查、审判。那么,这件事是开了一个好头,还是一个不好的头呢?以后是不是有问题大家都通过网络进行舆论发酵,不走司法途径了呢?

网络社会的司法系统是怎么样的呢?先是法院,然后是各种法庭,法庭会有若干法官,法官是通过法律职业资格考试选拔出来的,大部分参加法律职业资格考试的都是经大学法律专业教育培养出来的,法律知识是法学专业的教授传授的。经过复杂的过程,建立起我们所有的司法机构,结果当事人根本不去找司法机构,直接上网解决问题去了。司法体系花费了这么多纳税人的钱,花费了这么多人的心血,也花费了这么多法律人的青春时光用来学习法律,最后当事人不来找法院了!而是选择坐在车盖上录一个不足两分钟的视频,这个问题就用另外一种方案解决了。在此之前各位想过这个问题吗?以前有这样的情况吗?我们的法律系统是不是被绕过去了?

如果要打官司,这件事怎么办呢?首先打官司要收费,如果一个案件标的额是66万元,诉讼需要花多少钱呢?诉讼是累计交费的,整个算下来，一个这么大标的额的案件，要交给法院的诉讼费大概是 1.04 万元。同时还需要时间，一审程序走完最快需要 30 天，二审程序走完最快需要 30 天，一共需要 60 天，这是普通程序。如果败诉的一方不能自觉执行判决，还需要胜诉的一方向法院申请执行，执行需要多少天另外计算。所以整个计算下来，这个事情可能要用 90 天左右才能解决，90 天是什么概念？3 个月。这 3 个月当事人要是心情好还行，要是当事人天天生气，精神损失也会很大。

除此之外，当事人可能不熟悉法律，还得请个律师。律师有按时间收费的，有按件收费的。各地区的收费标准不同，各种类型的案件收费标准也不同，律师的资历不同收费也不同，律师费都是双方商定的。这个案子如果在北京起诉，律师费和诉讼费加起来，大概需要 5 万多元。所以，官司打完了，打赢了，也执行了，费用相当于多了 5 万多元，并且 90 天没开上这辆车，天天跑法院还耽误上班，如果当事人是开公司的，公司经营可能也会受影响。

时间的损耗、精力的损耗、金钱的损耗都加在一起，就是打官司的成本，即使打赢了，能让 4S 店负担这笔费用吗？一般不能，律师费和诉讼费一般都是自己交。但是在一些情况下，法院可以判败诉一方承担费用。根据《最高人民法院关于进一步推进案件繁简分流优化司法资源配置的若干意见》第 22 条的规定，如果一些人专门进行虚假诉讼、恶意诉讼，被法院认定，那么无过错方的诉讼费和律师费都应由败诉一方承担。另外，根据《最高人民法院关于审理环境民事公益诉讼案件适用法律若干问题的解释》第 22 条的规定，原告请求被告承担检验费、鉴定费或者合理的律师费用，法院可以支持。如果汽车发动机漏油，消费者没有设备和知识检验汽车是不是正常，只能由车厂去检验，检验和鉴定需要相关费用，当事人申请由对方出，法院可能会支持。特殊情况是，在打医疗官司的时候，举证责任都由医院承担，医院需要提供医疗过程正常的证明，因为病人没办法提供。此外，《最高人民法院关于全面加强知识产权司法保护的意见》中也提到其他可能性，但是这一事件不是知识产权问题，所以用不上。只有在这三种情况下，才由对方承担费用，而且一般是支付合理的费用，如果律师费特别高，比如说100万元，要求对方承担，法院绝对不会支持，法院如果判决对方支付，只能是支付合理的部分。

司法诉讼是要有费用的，而且费用还很高。但是智能手机、4G网络现在已经被大量使用了。互联网上网、观看和传播视频成本很低，视频找个人拍了、发了就完了，相比之下，司法诉讼需要90天左右的时间和5万多元钱，当事人会选择哪个？当事人一般会拍视频发布到网上，不会进行司法诉讼。

根据这两个场景的反差，如果将来要改变，改变的会是哪一种？一个是快的，一个是慢的；一个是成本低的，一个是成本高的。我想大家一定有自己的选择了。现在已发展到5G了，5G之后还会有更快的技术，大家一定会选择更快的技术，视频传播的清晰度、质量都会更高。当法律无法适应社会和信息技术发展时，一定不会去阻止信息技术进步，一定是法律改变、诉讼程序改变、律师服务改变，这些方面不改变，技术和消费者是不会停下来等待的，网络也不会停下来，并且会越来越快，带着整个社会往前跑，这样一来法律就越来越落后了。

由此可见，我们不能让社会和科技发展停下来等法律改变和发展。法律模式跟不上跟科技没有关系，大多数消费者不会违背法律，但是消费者会选择不用法律：我不去法院了，我不去找律师了，我根本不走这条路。法律到那个时候就被"束之高阁"了，就没有实用价值了。这样的话，我们学法律还有意义吗？法学院还有存在的必要吗？教授研究这么高深的法律还有意义吗？教材还有人看吗？这样就完全脱离信息化社会了。

将来类似事情可能很多，舆情的管理、监控、疏导是个大问题。

现在手机传输视频的速度很快，上亿人在网上做出反应之后，行政部门和司法部门不会像原来那样慢慢走程序，解决问题的时间一定会大大缩短，费用一定会大大缩减，否则的话法律就会被搁置不用。技术发展过程中，我们每个人都拥有更多的视角，更多样的价值取向，更多的选择权、表达权、决定权，更多的解决方案，法律绝不是唯一的。

2020年的5月25日，以德雷克·肖万为首的4名美国警察在明尼阿波利斯暴力执法，致使乔治·弗洛伊德死亡。在国外传播的视频中，我们能听到乔治·弗洛伊德说"I cannot breathe"（我不能呼吸了）的声音。这个视频出来以后，很快整个美国就乱了。到我2020年讲"图像与法律"这门课时，俄亥俄州的波特兰市已经连续抗议超过100天，肖万警官也被逮捕，成为嫌疑人。法院对这个案件还没有判决，美国社会已经开始闹起来了。肖万是有罪还是无罪尚未宣判，社会已经开始抗议，推翻雕像，要求权利和赔偿，法官还能判他无罪吗？根本不敢作出那样的选择，不然这个社会还能收拾吗？①

我们再看一个案件，1992年我在哈佛大学法学院进修，当时电视上播报了一个案件，发生于1991年，法庭在1992年判决。美国有一个叫罗德尼·金的黑人，以前犯过案，但是刑满释放了。有一天他跟几个黑人伙伴喝了很多酒，在高速公路上超速行驶，公路警察警告后他仍不减速，最后洛杉矶多名警察出动，把他的车给堵住了。喝醉的

---

① 2021年6月25日，美国弗洛伊德案主犯肖万被判22年6个月刑期。

第一讲 网络图像传播与法律面临的问题 009

图 1-3
德雷克·肖万
暴力执法

罗德尼·金下车以后开始跳舞，警察想要制止他，可是他完全不听，警察就拿着电棍把他电倒了。这一段正好被路边二楼阳台上一个在摆弄摄像机的黑人录下来了，视频被当地一个小电视台播放后，几个大的美国媒体全都转播了，结果这一转播就乱了。

在这个视频里，只能看到警察打人，而没有录到警察在之前很克制地进行警告，而且在追捕他的时候，动用了那么多警力，都没有被录下来，只有最后打人的情况被录下来了。到了法庭，法官不让媒体摄像和录音，媒体做的速记在判决之前不许见报，旁听的人也不许对外讲述。审判的时候，警察局为这几个警察请了非常好的律师，律师把对警察有利的方面说得非常有道理，最后陪审团判决警察无罪。法庭内外接触的信息完全不一样，外面的民众是在电视上看白人警察打黑人的视频，法庭上旁听的人听到的是对警察有利的辩护，两方面的信息差异极大，法庭内外的信息完全不对称。法官宣布无罪的消息传到外面的时候，很多人上街抗议游行，洛杉矶立刻就变成了一片火海，数万家店铺被打砸抢。

1992年的这个案件是法院判决之后社会上才闹起来的，而在弗洛伊德案中，法院还没判决，还没有宣布这个嫌疑人有罪或无罪，人们就开始表达不满，法律完全被撇在一边。法律面临新问题和新挑战，压力已经大到没有时间走完诉讼流程，来不及慢条斯理地进行庭审、写判决书、二审，该抢的都抢完了，该烧的也烧完了，该砸的也都砸完了。

1992年的时候没有智能手机，人们主要靠电视来接收信息，而且主要是听电视台主持人的解说。现在是2020年，我们每个人的手机都是一个"电视台"，都是亲临第一线的"记者"，都可以"直播"和"解说"，不再只靠电视台、解说员和主持人来接收信息了。现在自媒体的语音和画面传输速度远远超过了文字报道，等到纸面媒体报道出来就

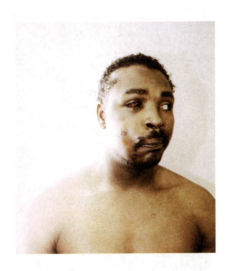

图1-4 被殴打后的罗德尼·金

已经晚了,如果这个事情(弗洛伊德案)没有黑人说"我不能呼吸了"的视频,完全是靠文字,反应会这么快、这么大吗?我们把这个事情用文字写下来,在微信上传给你,你看完后会有这么强烈的反应吗?不会的。视频里出现声音,眼睁睁地看一个人在面前死去了,这种图像带来的刺激和阅读文字是完全不一样的。

为什么图像比文字的影响力更强呢?我们可以从两个方面分析,一个是传播技术方面,另一个是社会敏感度方面。

从传播技术方面来看,画面有一个特点,即一目了然。画面可以在非常短的时间内以很快的速度看明白,但文字不可能。以这幅画为例,请看梵·高画的《星夜》(图1-5)。如果用文字描写很辛苦:"画面是蓝色的夜空,有几十颗黄色的圆形的

图1-5《星夜》 [荷]文森特·梵·高 1889年

星星，体量超过我们正常看到的天体，每个星星都好像月亮那么大，夜空中还有一组与星体呼应的卷状云，地面上有村庄，有几栋亮着灯的房子和一座尖顶的教堂，画面左侧有一株很高的树，树梢直指天空，梵·高所用的笔触也是构成画面的一种特有的语汇，整体蓝色调中看到的每一笔颜色都不同，形成了斑斓的画面效果。"看这段描述需要10秒钟，但看这幅画用不到1秒钟，文字中所有的要素都在画面上，闭上眼睛还能记得画面，但不一定能记住文字。文字和画面视觉效果的区别就这么大。

为什么图像能"一目了然"，文字最快也只能"一目十行"，而且还必须全看完或者看完大半才能知道要表达的内容呢？图像比文字更容易传播的原因是什么呢？

文字必须是逐行阅读的，一行一行、从左到右读，这跟"同时观看"图像画面是有差别的，而且差异是非常大的。

那么文字为什么要逐行看？因为文字之间是有逻辑关系的，逻辑关系是按照前后顺序展开的，如果不按照这个顺序，逻辑就乱了，就会出现前言不搭后语，所以我们不能同时看整版文字。画也有逻辑，它的逻辑只有几个因素：一个是线条，线条分粗细浓淡；另一个是颜色，分冷暖两大系列，中间有无数的调和；此外还有构图，构图的方法因人而异。大家写文字时说笔画写错了，多写了一笔或少写了一笔都是错字。画画时没有人会因为多画一笔或少画一笔说画"错"了。描述时文字排列必须按照一定的逻辑顺序，不然即使描述完整，也难以被理解；而观看画时可以从画面的任何一点开始，从不同的视角入手，图像表达是没有前后逻辑顺序的。

举个例子，我们写"马"字的时候速度很快，画一匹马需要的时间要长一点。但是，写字有具体规定，笔画不能出错，笔画顺序也不能出错，画马则可以从马的任何一部分开始。如果请不懂中文的外国人来看，即使画得不够好，他不认识"马"字，但是看到马的画面就能够理解。尽管文字书写速度快，但是绘画是全世界共同的语言，没有理解障碍。

所以在高速公路上或者公共场所的标志，一定是图像优于文字。这些标志如果用文字表述有时会造成理解障碍，要把各个国家的语言都学会了，才能看懂各个国家的标志。而使用图像这个问题就解决了，很好理解，一目了然，非常生动和直观，看图的速度非常快，在高速公路上一边开车也可以迅速理解，识别图像含义所需要的时间比文字短很多。

除此之外，我们现在已经可以解决画图时间长这个问题。大家都有手机，随时可以搜索出想要的图片，表达自己的意思，不再需要真的花费时间进行绘画，甚至可以直接用手机拍摄并上传网络，这已经跨越了文字不同的障碍。例如，我们看到一种不认识的花，可以拍下来去搜索这个花的名字，不需要先学习生物学课本中各种花的名字，只要有图像就可以用手机上网查询解决。

从社会敏感度方面来看，人们对图像的敏感度会比文字强得多，因为人们辨识图像的速度快、理解速度快。智能手机有了摄像功能后，发图的数量更大，这要求社会管理部门更加迅速地应对舆情，反应慢了，局面会发展到不可收拾的地步。

前面说的西安奔驰女车主哭诉维权事件，当事人将视频发到网上后，很快就得到解决。但是美国弗洛伊德事件在网上传播以后，很久都没有完全解决，因为引发了对种族歧视这个历史和现实问题的大讨论，这是个历史遗留问题，不是短时间内能够解决的。司法部门的反应速度没有行政部门的反应速度快，因为司法程序是诉讼法规定的，不能够不按照规定做。行政执法的程序灵活，行政处理是因人而异的，在时间和行动上更有弹性。美国对弗洛伊德案的司法处理缓慢还有一个原因，就是涉及警察执法问题，这个问题本身就涉及政府，警察属于政府公职人员，公职人员执法过程中出现的问题一般比较复杂。幸亏有视频，不然就可能是另一种结果了。

所以，现在应对图像引发的问题，走在前面的是网民，接着是媒体，然后是行政部门，而不是司法部门，尽管这些问题本质上是法律问题。这种情况不是现在才出现的，而是在很早以前就已经开始出现了，只是那时候没有上升到这个视角来认识，现在在网络环境中重新认识，就变得非常明显。

多年前有一个关于图片的案件——"华南虎事件"（图1-6）。

我们来回顾一下这个事件。2007年，陕西某地林业部门对拍到珍稀野生动物的照片和视频的人给予奖励，因为这些照片可以作为当地生态恢复的证明。一个名叫周正龙的农民说自己拍到了华南虎的照片，但是被质疑照片造假。专家、摄影协会、野生动物考察员都质疑照片造假，舆论对当事人不利。最后判决当事人伪造照片，并且因为在他家里发现了枪支弹药和管制刀具，判处其有期徒刑2年6个月，缓刑3年。当时从省林业厅到县林业局，13位官员都因为参与造假或协助造假受到处分。

2010年4月该农民出狱后，为了证明自己的清白，一直在山上寻找华南虎。2020年6月16日，"行者老张"在网上发布视频，说美国麻省理工学院鉴定当时的华南虎照片是真的。鉴定组检查了照片上老虎的移动性、立体性、温热性，发现不是油墨或塑料制品，华南虎照片的数据和信息是真实的。现在这件事是真是假无法确定。

另外，还有深度造假（deep fake）的例子。由于视频影响较大，所以网上经常出现一些政治人物的造假视频。比如，特朗普和朋友一起

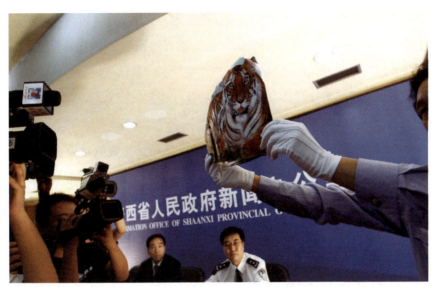

图 1-6 陕西省人民政府"华南虎照片事件"新闻发布会现场

唱"我爱你中国"的视频,口型和动作完全一致,因为我们了解,所以能看出来这纯粹是为了搞笑,但是有些我们就难以分辨。比如美国众议院议长佩洛西说"奥巴马说特朗普是个笨蛋"的视频,计算机专家说这是人工合成的音频和视频,佩洛西和奥巴马也先后否认了这个视频。

还有利用深度造假诈骗成功的。2019 年 3 月,有犯罪分子利用深度伪造技术,合成了某公司 CEO 的声音,成功诈骗了 22 万欧元。国内也有类似的诈骗案例。

深度造假可能造成巨大影响。比如,在股市问题上,伪造假消息后别人信以为真,真的进行股市操作,最终损失谁来承担?这是很麻烦的法律问题。

另外一个案例发生在成都的一所学校。2018 年,一些家长在网上发布视频，说学校食堂给学生吃变质的食物，有学生吃了以后身体出现不适。视频被传到美国，国际影响十分不好。最后公安机关调取了监控，发现三位家长跑到食堂仓库，把冰箱里的肉拿出来，把姜粉撒在肉上，然后拿手机拍摄说肉变质了。最后这三位家长因为偷拍作假证受到处罚。这种行为给学校造成了很大损失。

当时这个学校为数千名学生全部做了体检，每人的体检费用也不少，数千名学生体检花费的数百万元就是学校的额外支出，而且有些学生当时出现了生活中很常见的头疼脑热，学校也全部报销了医疗费用。不仅仅是金钱损失，学校在海外的声誉也受到影响。成都这所中学是有上百年历史的学校，在成都名列前茅，学校辛辛苦苦维持的好名声，被这三位家长的伪造视频给毁了。

本人亲身经历过这样一个案子，当时北大某学院在做院系网站的时候，使用了网上的北京大学西校门和华表的照片，现在我不再使用网上的这两张照片了，因为打过官司。我们可以参看这两张类似的照片，图 1-7、1-8 是我请包康赟博士拍摄的，他同意我在书中使用。我之所以专门请本校博士去摄影，就是为了能被授权在课堂上和教材里使用这两张照片。当时使用了网上的"钓鱼照片"，竟惹来了一场官司。因为那两张照片是外地的一名摄影师来北大拍的，他在外地的版权局注册了照片版权，然后放到网上，网上也没有任何标记说明该图片版权已经被注册，我们某学院就直接用来做学院网页配图了。结果这位外地的摄影师起诉我们，要求一张照片赔 8 万元。一审我们败诉了，后来在律师的建议下和解了。

但是这里有个值得讨论的问题，"钓鱼照片"的版权是属于北大，还是属于摄影师？校园的维护者使用照片和其他人使用照片的待遇标准是一样的吗？北大花费了大量的时间和精力来维持校园环境，美化风景

图 1-7 北京大学西校门

包康赟 / 摄

图 1-8 北京大学华表

包康赟 / 摄

使得校园干净而美丽，结果别人拍了照片，我们维护者自己使用还需要交费，这在著作权法上是怎么规定的？

还有私人饭局录像的问题，公共场合和私人场合的标准一样吗？这个问题可以延伸到在火车、飞机、客轮卧铺上说梦话被偷偷录像。

再比如伪造的问题，前面那些伪造美国政治人物视频的人没有任何一个受到刑事处罚，因为伪造公众人物仅是一种搞笑，画漫画也是一样，在美国这样开玩笑是可以的，在法律上也没有把搞笑与诽谤混为一谈。

第二讲
图像与非法集资

GRAPHIC AND LAW

这一讲我和各位探讨图像与集资诈骗的关系。大家看到这个题目可能觉得这两者不相关，但是我经过若干年的观察，发现两者也可以是相关的。

首先看一下什么是非法集资和集资诈骗罪。非法集资就是指公司、企业、个人或其他组织，没有经过批准，违反法律规定，以不正当的渠道向社会公众或者集体募集资金的行为。如果是以诈骗的手段，比如承诺很高的利息，但实际上无法兑现，只是以高利回报为诱惑，那就是犯罪了。在2015年《刑法》修改以前，集资诈骗罪是有死刑的。这堂课要讲的就是，为什么2015年《刑法》修改把集资诈骗罪的死刑免除了？免除的原因可能与图像有关：有一个犯集资诈骗罪的人的审判图像被放到了网上，激起了广泛讨论。

2015年修改以前的《刑法》第176条规定："非法吸收公众存款或者变相吸收公众存款，扰乱金融秩序的，处三年以下有期徒刑或者拘役，并处或者单处二万元以上二十万元以下罚金；数额巨大或者有其他严重情节的，处三年以上十年以下有期徒刑，并处五万元以上五十万元以下罚金。单位犯前款罪的，对单位判处罚金，并对其直接负责的主管人员和其他直接责任人员，依照前款的规定处罚。"第192条规定："以非法占有为目的，使用诈骗方法非法集资，数额较大的，处五年以下有期徒刑或者拘役，并处二万元以上二十万元以下罚金；数额巨大或者有其他严重情节的，处五年以上十年以下有期徒刑，并处五万元以上五十万元以下罚金；数额特别巨大或者有其他特别严重情节的，处十年以上有期徒刑或者无期徒刑，并处五万元以上五十万元以下罚金或者没收财产。"第199条规定："犯本节第一百九十二条规定之罪，数额特别巨大并且给国家和人民利益造成特别重大损失的，处无期徒刑或者死刑，并处没收财产。"在《最高人民法院关于审理非法集资刑事案件具体应用法律若干问题的解释》中，对第176条、第192条、第199条的具体应用有全面的说明，这里就不展开了。

1993年，我国第一起集资诈骗案出现了。尽管这个案件在当时特别有名，但审判期间主犯的照片没有在网上公布过，在任何地方都看不见。一直到2012年，公布过22个集资诈骗案件的主犯被最高人民法院判处死刑。但2012年吴英集资诈骗案一审时，主犯的照片被放到了网上，今天在百度网上还能看到吴英的照片。吴英成为唯一一个没有被处死的集资诈骗案的主犯。而之后集资诈骗案件的主犯照片都没有出现在网上，也都被判处了死刑。一直到2015年《刑法》修改。

这个情况引出我们本讲要分析的，图像对集资诈骗案件的审判究竟有什么影响。

首先看第一个案例。案件当事人叫沈太福，他集资诈骗了13.7亿元人民币。1989年，沈太福用30万元在中关村成立了长城机电公司。在北京申请了一些专利、卖了一些专利之后，他就把公司迁到海南去了。在非法集资过程中，他说自己有一项专利叫"变频水泵"，其他水泵是根据电流大小来决定转速的，而变频水泵是根据水流大小决定转速，根据水流自动调节转速，所以就可以节省电力。如果全国的高楼都用变频水泵，那么就可以节约很多电力资源。当时三峡大坝等还没修，中国是十分缺电的。

沈太福说自己的专利十分有价值，但是他一个人没这么多钱生产足够多的水泵安装到全国各地的高楼上,所以把专利按份卖给大家,以 3000 元为一份,一年之后支付 3000 元的 20% 作为利息。但是他把利息叫"专利转让费",因为利息只有银行才能给,叫"专利转让费"的话,任何个人的技术转让都可以用这个名头。当时银行年利率是 7%,他给的专利转让费利率是 20%,并且让人民保险公司做担保,这样看起来风险小,回报大。

他的专利转让计划在海南电视台发布,之后被《科技日报》用整个版面转载。在没有实物水泵的情况下,工人、农民群体不会相信,但是很多知识分子相信理论推导的结果,因此上当了。沈太福的专利转让很成功,并且在开始的时候支付了利息。知识分子的"知识权威性",加上支付利息的实际情况,就把其他群体也带动起来了,最后非法集资规模达到 13.7 亿元人民币。那时,一家公司集资 13.7 亿元人民币是一个不小的数字。这个案件开了特别不好的头。

此后出现了很多其他名目的非法集资手段。有一种非法集资手段叫"买一英寸美国土地":交付几百美元,就颁发给你一个证书,这样你就是美国的土地主了。并宣传说有了证书办理移民、签证就很容易。当时很多人都买了。这类案例最后发展到"买一英寸月球土地"。宣传中说现在买很便宜,等到将来可以登上月球,月球土地就贵了,而且买了不一定要去,可以转让给其他人赚升值差价。

还有"蚁力神",就是蚂蚁和一种药酒混在一起,说是喝了之后治痛风和风湿性关节炎。当时赵本山就代言了这个产品,东北很多人都听说过。因为蚂蚁收购价格很贵,导致家家养蚂蚁,最后这个事情真相被揭穿。还有"万里大造林",打着国家要种三北防护林的名号,实质上并非如此。宣传中呼吁大家集资种树,并称树日后会有经济效益,集资方可以支付比银行高几倍的利息给被集资人,当时有著名演员作为代言人为之拍摄了广告。老百姓相信公众人物，就出了资，然后就上当了。类似的事情还有很多。

当时事态发展的结果是，银行账户的储蓄存款大幅下降，因为银行贷款跟存款是有一定比例的，存款一下降，贷款就很危险了。后来调查原因，发现某些公司，比如长城机电公司，银行账户上存款特别多，很多个人存款都转到这些公司的单位账户上。这些公司有什么产值吗？没有，有什么业绩吗？看不见，怎么存款就转到这些公司去了呢？这些公司怎么一下子就有这么多的现金资产？

在这种情况下，人民银行就发布了一个关于长城机电公司及其子公司非法集资问题的通报，通知所有银行冻结其公司账户，使其对公存款不能取出。因为公司的这些行为相当于变相发债，大量的投入资金用途不明，投资者利益难以保障，所以中国人民银行必须干预。沈太福当时就起诉了中国人民银行，说中国人民银行不能下令冻结其公司账户，这样的冻结是"非法的"，他没做什么违法的事情。

沈太福当时特别有名，还是全国十大杰出青年、十大优秀企业家，他说他要到天安门广场去拍卖自己，卖 10 亿元，偿还投资者的钱。他回海南的时候，在机场用另外一个名字的身份证上飞机，但相关部门还是把他抓住了。抓起来之后就开庭审判，行贿、受贿等各种违法问题就都出来了，经过一审、二审，最后判了死刑，在北京执行的。

当时判处死刑的罪名是巨额行贿、贪污，但是研究法律的人知道，实际上是因为"集资诈骗"，只是当时刑法还没有集资诈骗罪这个罪名。当时也有人民间集资，沈太福是第一个发明以"专利转让费"为名集资的，所以没办法以"集资诈骗罪"来判。审判之后，沈太福公司账面资金就被清盘了，钱还给了老百姓，但是老百姓还是有损失的。从那时开始，类似的公司非法集资全部都被清理，但还是有一些非法集资人跑到国外去了。

1994年，沈太福是以犯贪污罪和行贿罪被判处死刑，但民营企业为什么会有贪污罪呢？那时候民营企业有一种做法叫"戴红帽子"，民营企业做到很大规模，民营老板会没有安全感，因此就挂靠在一个集体企业或国营企业下，叫"戴红帽子"，在政府调查的时候其财产就是国有或者集体资产，等于"戴"了一顶安全帽。沈太福的公司"戴"了"红帽子"，就是国营企业，因此能够判处沈太福贪污罪。贪污罪是有死刑的，所以最后沈太福被判处死刑。沈太福被执行后拉开了打击非法集资的序幕。

1994年沈太福被处死之后，报纸就开始报道，《科技日报》报道了他"20天集资2000万元"的非法集资骗局的来龙去脉，网上现在还能查到这些资料：长城机电公司进军海南、公司大楼悬挂着各级领导参观时合影的照片，河北教育出版社还出版了《十亿元大骗局》等书籍。他的照片是在判处死刑之后发布出来的，用以警示教育，与判决结果不相关。

1995年，这些非法集资的事情触动了全国人大，由于修改法律较慢，要经过开全国人民代表大会、拟草案、提前公布征求意见、三审等步骤，至少要开两次或三次人大会议，用两三年才能完成。为了及时制止非法集资行为，全国人大常委会通过了《全国人民代表大会常务委员会关于惩治破坏金融秩序犯罪的决定》，这个决定里的两条与《刑法》第176条、第192条都是一样的，但是该决定第8条规定，使用诈骗方法非法集资，数额特别巨大的或者情节特别严重的，处10年以上有期徒刑、无期徒刑或者死刑，并没收财产。

这一决定生效的时间是1995年6月30日，之后，出现了一个比沈太福案还要大的案子，这就是当时震惊全国的邓斌案。邓斌在1989—

1991年间是某工厂的一名女职工,但她特别能说,脑子反应也特别快,当时医院里开始推行使用乳胶手套和一次性医疗用品,需求相当大,她就开始集资,说要生产一次性医疗用品。在当时的背景下,集资速度特别快,资金规模达到 32 亿元,最后个人集资已经不够了,她就到各省财政厅集资,说一年后返还本金和 20% 的利息,13 个省的 380 多个财政单位为她提供了资金,涉及政府公务人员 273 人,其中厅级以上干部有 50 多个人。

邓斌最后被判处死刑。执行死刑之后,邓斌的庭审照片作为警示教育素材被公布,和前面沈太福一样,公布庭审照片与案件判决结果没有关系,因为都是在执行之后才公布的。

从 1993 年到 2013 年 10 年时间,唯一一个最高人民法院没有核准死刑的集资诈骗案件,就是吴英案,在她之前和之后的类似案件的主犯都被执行死刑了。我作了一下统计,公布的巨额集资案件大概有 20 起,涉及 22 个人,除了吴英之外,全部都被执行了死刑。

吴英集资诈骗案的庭审判决发生在 2012 年,当时网上的传播力度非常大,讨论非常广泛。2007 年,她因涉嫌非法集资被浙江东阳警方抓获。这个案件涉及将近 11 亿元的非法集资,吴英也是建立公司、用高息吸引资金。这个案件不一样的地方在于,从一审开始,吴英庭审的照片就上网了。当时看到照片我特别惊讶,因为未经法庭允许不能带相机进入法庭旁听,更不能随便在法庭上拍照,手机等都会被存放在法庭之外的柜子里锁起来。

这个集资案有一个特点,吴英不是向老百姓直接吸收资金,而是下面有一个林某,林某下面又有 11 个人,这 11 个人下面还有人,形成了一个金字塔形状的人员结构。另外,案发后吴英积极还钱,只剩下 3.89 亿元没有还,但在当时这个数额也是巨额资金。

图 2-1 吴英案审判现场

两年之后,金华市中级人民法院一审判决吴英死刑,剥夺政治权利终身,据说当时吴英决定不上诉,但是她的辩护律师苦口婆心地劝说,最终决定上诉。2012年,二审维持原判,在当时一定会维持原判,因为涉及将近4亿元的资金,前面同类案件的主犯没有免死的先例。二审维持原判的时候,吴英的照片被放到网上,引起了人们的讨论。

在我国,死刑案件还要到最高人民法院进行死刑复核,最高人民法院复核后没有任何疑点的,才能执行死刑。吴英案中,最高人民法院复核后认为,"一审判决、二审裁定认定被告人吴英集资诈骗罪事实清楚,证据确实充分,定性准确,审判程序合法",从这段文字来看,一审二审完全没问题,所有的事实和程序等情况都是对的,通常到这里事情就结束了,但是后面又说,"综合全案考虑,对吴英判处死刑可以不立即执行"。

这个说法我从来没见过，复核认为之前的判决全部都是对的，但是最后依然裁定发回浙江省高级人民法院重审。

浙江省高级人民法院在 2012 年 5 月 21 日重新审判，法庭认为吴英集资诈骗数额特别巨大，给受害人造成重大损失，且其行为严重破坏了国家金融管理秩序，危害特别重大，应依法惩处。但是鉴于吴英归案后如实供述所犯罪行，并主动供述了其贿赂多名公务人员的事实，且经法院查证属实，综合考虑，对吴英判处死刑，缓期二年执行，剥夺政治权利终身，没收全部财产。通常被判死缓以后表现好，就有可能减为无期徒刑。2014 年 7 月，吴英坐了两年牢之后，浙江省高级人民法院裁定将吴英的死缓刑减刑，减为无期徒刑，剥夺政治权利终身。无期徒刑通常在坐过 20 年牢以后，还可以再减。

这里有一个情况非常值得研究，吴英在一审、二审阶段确实供述了事实，写了很多举报材料，指控湖北省荆门市原人大常委会副主任李天贵、中国农业银行荆门市分行原副行长周亮、中国农业银行丽水市灯塔支行原行长梁骅受贿，因此算是立功。这三个人都被判了刑，一个被判处有期徒刑 8 年，一个被判处有期徒刑 3 年、缓刑 5 年，一个被判处有期徒刑 10 年 6 个月。是不是因为吴英检举揭发公务员的罪行才被免除死刑的呢？这是一个重要因素，但不是决定因素。

因为在她之前和之后的案件，从沈太福非法集资案开始，其他类似案件的主犯也有很多行贿的，那么在被判处死刑之前，他们通常会想办法立功争取宽大处理被免除死刑，因此也会检举受贿的公务员，但最后他们还是全部都被执行死刑了，因此这不是被免除死刑的唯一原因。免除死刑的原因可能还包括在审判期间，吴英的照片在网上广泛传播以后，引起了社会的广泛关注和对这种犯罪是否应该处以死刑的讨论。

我们再来讨论庭审照片问题。我旁听过其他案件的庭审，在我旁听过的审判中，只有经法官允许，记者才能带着摄像设备进入庭审现场，并经法庭允许才能拍摄庭审照片的。除此之外，一般情况下是不允许拍照的。因为当事人不希望自己在法庭受审的形象被公之于众，人总是要面子的，因此当事人自己也不希望在庭审时被拍照。但是吴英案中，广为流传的照片都是正面照，很明显，能够拍到被告人的正面照的人员的拍摄行为，一定是经过法庭允许的，因为要进入审判区，站在法官和被告人之间的位置上才能拍到这个角度的照片。

从网上流传的照片可以看出，法庭上有很多照相设备，可能法官考虑到当地受集资案件影响比较大，允许拍照和广泛报道是希望能够给群众更好的法制教育，警示群众以后不要参加类似的集资活动。

但是照片、报道出现在网上后，引起数百名学者、上百家媒体和亿万网民的关注，舆论涌向浙江省高级人民法院，金融界、法律界人士以及许多名人都在给吴英求情，说不能判死刑，广泛的同情给法院造成了舆论压力。

民间对于案件的讨论主要在于，死刑判决能解决非法集资和集资诈骗问题吗？其中有一些与民间借贷界限交错，既有集资的部分，又有民间借贷的部分，其中民间借贷需要用死刑来惩罚吗？

意见讨论最激烈的时候，正好是2012年全国开两会前夕，当时浙江省高级人民法院已经作出终审判决，最高人民法院还没有复核死刑。在两会闭幕的总理记者会上，中央人民广播电台和中国广播网的记者就提问："最近，社会上非常关注一个案件，就是浙江吴英案，您个人觉得吴英该不该被判死刑，同时，您怎么看待当前民间资本融资难的问题？谢谢。"这个问题十分直接，温家宝总理回答："我注意到，这一段时间以来社会十分关注吴英案，这件事给我们的启示是：第一，对于民间借贷的法律关系和处置原则应该作深入研究，使民间借贷有明确的法律保障；第二，对于案件的处理一定要坚持实事求是。我注意到，最高人民法院下发了关于慎重处理民间借贷纠纷案件的通知，并且对吴英案采取了十分审慎的态度。"总理讲得非常全面并表达了自己的态度。

温家宝总理发言之后，最高人民法院新闻发言人孙军工在新闻发布会上表示，最高人民法院在关注吴英案，案件比较复杂，最高人民法院正在依法复核审理，将按照程序认真复核事实和证据，严格以事实为依据，以法律为准绳，依法审慎处理好本案。

最高人民法院发声之后，对这个案件本身的讨论实际上已经不是特别重要了，随之进入了经济犯罪是否能够适用死刑问题的讨论。由于经济案件不涉及人身伤害，相关学者认为经济案件应该废除死刑。我当时在法院讲课的时候，很乐观地说，吴英案可能成为一个先例，以后非法集资案都不会有死刑。

但是，我说错了。2013年，又一个集资诈骗案的主犯被执行死刑，即湖南的曾成杰，他是集资诈骗案中最后一个被判死刑的人，从他之后就再也没有了。

我们在网上几乎找不到他庭审时的照片。从2003年到2008年，他非法集资总额达34亿元，案发后当地出现群众围堵政府、围堵铁路、自焚（也有人说自焚与该案无关，是与另一起案件相关的）等各种情况。2011年他在长沙市中级人民法院一审被判处死刑，二审湖南省高级人民法院维持死刑判决，2013年6月14日，最高人民法院核准了死刑，2013年7月12日执行死刑。但是在执行死刑之前，网上没有任何消息，没有任何照片，没有任何关于他的报道，只有此前参与集资的群众上访、围堵铁路的报道。后来关于他的报道中，也只有一张在监狱里的照片。

曾成杰在湘西成立了一个三馆公司，所谓"三馆"就是体育馆、文化馆和图书馆。当地政府要建这三个馆，但没有钱，就把这个项目交给民营企业做。曾成杰的公司中标了，但是他也没有钱，就跟政府说，先募集群众的资金，等建好"三馆"之后，把挣的钱再还给群众。当时政府同意了，但是这个项目的时间是从2003年到2008年，2008年国际金融危机爆发，导致国内资金也很紧张，当地政府响应上级号召，不再支持募集资金，所以曾成杰的公司资金链就断了，资金链断了之后，群众就开始闹，公安机关就按集资诈骗罪把他抓起来了，一审、二审他被判处死刑，最高人民法院核准了死刑。

这个案件和吴英案不一样的地方在于集资是直接面向群众的，直接参与的有2万余人，累计参与人数达5.7万余人，而且最后还有17亿元没有偿还，这个数额太大了。最高人民法院核准死刑之后，向记者回答曾成杰案和吴英案的差别，在数额、集资人数、社会危害三个方面，吴英案都没有曾成杰案情节严重。曾成杰案出现过三次群体事件，民众包围政府、打砸周边店铺、堵铁路、在政府门前自焚，造成当地社会秩序混乱，政府不得不动用武警维持秩序，所以最高人民法院认为曾成杰的集资诈骗应该依法严惩，死刑判决证据确凿，量刑适当。

但是他的律师表示不同意该说法。他说一开始集资是为了完成政府项目，并且上一届政府同意曾成杰的做法，只是从2008年开始政府不再支持民间融资，甚至是打击民间融资，以内部通知的形式通知党政干部退出融资，因为之前很多干部也都参与了集资。而且围堵铁路事件不是三馆公司引起的，是福大公司的集资引起的，自焚事件等也和曾成杰的集资没有关系，但都被算进来了。律师的说法至今在网上还可以看到。

法院认为，曾成杰有行贿的情况，招标时手续不完备，资质不合格。但律师说，还有另外两家公司中标，政府要求三家公司建立联合开发公司共同开发，曾成杰以建筑安装公司的名义与另外两家公司签订联合协议书，在支付资金的前提下获得了整体开发权，这些手续都经过了政府批准。

法院还认为，曾成杰转移资金从事非法活动，隐藏了大额存款，但律师认为他没有任何转移资金、挥霍资产的行为，与判决书所写的情况不一样。

有媒体比较这两个案件，为什么吴英未被判处死刑而曾成杰却被判处死刑了？比较下来都是非法集资、诈骗。但是集资款不一样，集资人数不一样，吴英案也没有发生群体事件，因此社会影响力不一样。

回到我们一开始说的问题，两个案件中图像表现不一样，吴英的照片在一审时就在网上传播了，社会上开始讨论，舆论可能对最后的判决产生了一定的影响，因为社会对于民营企业家的民间借贷有很大的宽容度和同情心，特别是吴英案中没有发生群体事件，没有社会不安定因素，认为不应该判处死刑的可能是大多数意见。而曾成杰案，一审、二审没有任何图像和报道，没有媒体介入，等他被执行死刑之后，由于没有通知家属事先见面，这件事才引起媒体的关注。但已经改变不了事实了，因为死刑已经执行了。

所以图像的影响力是非常大的，图像报道出来，对结果会产生很大影响。这在欧洲很早就有所体现。欧洲的法院门口会有正义女神像，正义女神一手拿着剑，代表强制力，一手拿着天平，代表公平，正义女神的眼睛是被布蒙上的，因为看到被告人可能会产生同情心。

这个传统是怎么来的呢？据说可能和古希腊的奥林匹克运动有关。从相关陶器、雕塑作品中我们可以看到，当时的体育运动竞技都是男士参加，并且会以裸体展示肌肉，身材都很健美（图 2-2、2-3），女士不

图 2-2 掷铁饼者
[古希腊]米隆

能参与比赛更不能裸体。但传说有一位女士打破了惯例,她叫芙丽涅,长得非常好看,身体也非常美,因此就去海里裸泳,还在街上炫耀身体。当时的雕塑家参考她的形象做了两个雕像,一个穿着衣服,一个没穿。当时人们把后者运到一个很偏僻的地方安放。现在这个地方因这个雕像而闻名,成为旅游景点了。

但是这样一来芙丽涅就触犯了法律,要被判处死刑,她的律师就在法官和陪审员面前,把她的衣服揭开了,并说,这么美的身体难道会亵渎神明吗?男士可以不穿衣服,女士为什么不可以不穿衣服?这样美的肉体的雕像,不是一种对神的赞美吗?难道要看着这样的美消失在这个世界上吗?最后,芙丽涅没有被判处死刑。(图2-4)

那么正义女神为什么要把眼睛蒙起来呢?有多种解释。一种解释说,不能让审判者看到被审判人的英俊或者美貌,否则就会产生同情心,无法严厉执法,因为不忍心摧毁美好。还有一种解释说,遮蔽了眼睛以后,就不会畏惧权势,不会被利益诱惑,所有人的外在形象都在审

图 2-3 欧洲历史图像记录:古代奥林匹克运动

图 2-4 《法庭上的芙丽涅》 [法] 让-里奥·杰罗姆 1861 年

判者面前消失,这样就能一视同仁。

话又说回来,死刑能制止非法集资吗? 2013 年曾成杰被执行死刑,2014 年全国非法集资额超过千亿元,呈爆发式增长,非法集资案件共 8700 多起,跨省案件 133 起,同比上升 133.33%,超过 1000 人的集资案有 145 起,同比增长 314.28%,涉案金额超过亿元的有 364 起,同比增长 271.42%。所以曾成杰被执行死刑了,并没有对非法集资产生足够的威慑力,到 2014 年非法集资案还井喷式增长,说明靠死刑根本解决不了非法集资问题。

2014 年还有一个情况,P2P 的网络平台集资开始出现了,案件数量、集资金额、参与人数都很多,已经不需要见到真人了,全部网上操作。P2P 的非法集资和普通的集资诈骗罪本质上是相同的,有三个特点:第一,没有资金池。第二,没有真实的需要贷款的业务,是通过借新还旧,越做越大。第三,虚假发布集资情况,编造骗局,然后自己带钱跑路。2018 年,P2P 的非法集资平台有 120 多家,都是公安部列明的

"爆雷"平台。

这种情况说明死刑并不能制止非法集资，到2015年《刑法》就修改了，集资诈骗罪的处罚中把死刑去掉了，最高刑罚就是无期徒刑。从1993年到2013年的非法集资大案的主犯，除了吴英，全都被判处死刑。2014年的非法集资案非常多，但全都被判处死缓，这证明已经开始改变了。比如金凌龙集团董事长王文苓，集资额4亿多元，被判处死缓，没有照片传播。2017年的e租宝案，用高额利息、融资租赁的名义，最高交易额达到700多亿元，最后非法集资额达到500多亿元，主犯被判处无期徒刑。

所以对司法审判而言，我认为图像在吴英案中确实是有影响的，在2015年修改《刑法》之后，集资诈骗罪没有死刑了。

最后我想提出一个问题，为什么中国老百姓容易上P2P的当？那些被骗的人肯定不是穷人。这些人被骗是因为贪小便宜？还是风险意识淡薄？还是我国实行市场经济时间太短了？还是非法集资借助官方媒体和官员合影照片带来的影响力？

为什么我会问这个问题？因为我在给海外华侨、企业家讲课的时候，当我讲到国内一些P2P投资平台承诺投资回报率超过6%的时候，所有听课的人都说不可能，回报率4%都不可能，当我说这些所谓投资的回报率是20%时，他们说那是贩毒才会有的情况，因为他们所在国家或地区的利率是1%左右，还有的甚至是零，很难赚到很多钱。所以他们都不信P2P，为什么我国有人信？我认为回报率高可能是其中一个原因，还有其他社会公信度较高的因素背书的原因。

我最后讲一句，社会舆论可能形成不同程度的道德判断，这些判断对于法官和法院是有影响的。尤其是现在，网络技术高度发达，信息可以即时传播，很容易造成社会舆论压力。

图 2-5 正义女神像

第三讲
图像与著作权

GRAPHIC AND LAW

什么是著作权呢？我们看看《著作权法》的规定。

著作权（《著作权法》第10条第1款）一共包括十七项权利。发表权、署名权、修改权、保护作品完整权，这四项权利是不可转移的，也是不可继承的。

自第五项以后是可以转移的权利，包括：复制权、发行权、出租权、展览权、表演权、放映权、广播权；还有信息网络传播权，就是网上转发别人的作品，别人也可以转发你的作品，这都是可以的；还有摄制权，有的作品经过摄制后成为影视作品，然后放到一个载体上；改编权，比如小说改编成电影、电视剧的权利；翻译权，即将作品从一种语言文字转化为另一种语言文字；汇编权，指的是把作品或者作品的片段通过选择或者编排，汇集成新作品的权利。第十七项是"应当由著作权人享有的其他权利"，什么是其他权利呢？大家可以想出具体的例子吗？

《著作权法》第10条第2款非常重要，即"著作权人可以许可他人行使前款第五项至第十七项规定的权利，并依照约定或者本法有关规定获得报酬"，前四项是不能的，因为是人身权，比如署名权，作者的名字是不能改的；其他权利可以转移，作者可以从中获得报酬，这就有收费的问题了。

《著作权法》第11条规定了作者的定义，即除另有规定外，创作作品的自然人是作者。这是很重要的，作者多数是个人。如果是集体创作

图 3-1 《毛主席去安源》拍卖证书

的,也要署名。比如过去有幅油画(图 3-1),叫《毛主席去安源》,署名是"刘春华等"创作。刘春华当时是中央美院的一位青年教师,这幅画全国很多地方也在用。

关于这幅著名的油画,2002 年打过一场官司。同年 4 月 1 日,北京市第二中级人民法院对该油画的归属争议作出一审判决,该油画著作权属于刘春华,并认定是他独立完成的,所有权属于国家。1995 年 10 月 7 日,中国嘉德拍卖行受刘春华委托对该作品进行公开拍卖,建行广州分行以 605 万元竞买购得该油画并收藏,建行是国有银行,所以该作品的国有资产性质没有改变,驳回中国革命博物馆请求刘春华和建行返还该作品的请求。

由于该作品属于国有资产,刘春华个人不应申请拍卖并获得拍卖收入，但立案时已超过诉讼时效，刘春华可以自愿返还拍卖所得，法院不能强制他返还。

此案很值得学术界研究，因为法院虽然支持作品的著作权与所有权分离，但著作权人依然获得了拍卖作品所得。诉讼时效只对拍卖所得起作用，对所有权不起作用。

《著作权法》第 11 条第 3 款规定，作者也可以是法人或非法人组织，比如设计工程图、设计图等的作者为单位。第 13 条规定了改编、翻译、注释、整理已有作品也可以产生著作权，但是这些改编、翻译、注释、整理人行使自己的著作权时，不能侵犯原作品的著作权。比如《红楼梦》有很多版本，北大收藏的是庚辰本脂砚斋《重评石头记》，和市场上卖的其他版本之间有很大区别，文字也不一样，比如口语化的程度。《红楼梦》的研究者必须比较对照多个版本。最早的版本在国家图书馆，北大的版本次之，是胡适先生担任北大校长时买的，现在已经成为北大图书馆善本中的宝贝了。

另外，像电影作品、电视剧作品、音乐都有独立的著作权（《著作权法》第 17 条）。

委托创作的著作权归谁呢？"受委托创作的作品，著作权的归属由委托人和受托人通过合同约定。合同未作明确约定或者没有订立合同的，著作权属于受托人。"（《著作权法》第 19 条）比如，我委托包博士创作，委托合同可以对著作权归属作出约定，如果没有约定，就属于受托人包博士。

《著作权法》第 20 条规定了原件所有权和著作权的关系。比如摄影作品的底片、电影的原拷贝、电脑程序的原编码等都有原件的含义，转了多次以后，著作权仍由原件所有人享有。尤其是美术作品，展览权是属于原件所有人的，这是因为作品展览涉及费用是很贵的。比如英国乔治·斯塔布斯有一幅很著名的画《马》被私人收藏了，存放在大英博物馆一个专门的展厅，进大英博物馆不收费，但是看这幅《马》就要收费。

《著作权法》第 21 条第 1 款规定："著作权属于自然人的，自然人死亡后，其本法第十条第一款第五项至第十七项规定的权利在本法规定的保护期内，依法转移。"也就是自然人死亡之后，即在保护期内按照继承顺位继承，但是没有继承人的情形没有规定。那是否就意味着出现了权利真空呢？第 21 条第 2 款规定了法人和非法人组织变更、终止的情形，著作权在保护期内没有继承主体的归国家享有，但是这与个人的规则不一样。

《著作权法》第 22 条规定了署名权、修改权、保护作品完整权不受保护期限制，而第 23 条规定第 10 条第（五）项至第（十七）项规定的权利的保护期，这个保护期为"作者终生及其死亡后五十年"。

作品著作权到期了，是否意味着谁都可以无偿使用了呢？如果权利人注册了商标权，商标权永远都可以续期。比如与北京大学相关的商标，例如博雅塔等，每年都需要注册缴费。其他人未经允许使用就会有侵权的问题。需要注意的还有对发表权的限制，也就是如果创作了 50 年放在抽屉里不发表，就不保护了，但是如果是在 50 年内被别人拿去用了，不管是否发表，原作者都是有著作权的。

《著作权法》第 24 条规定了几类免责的情形，我最关心的也是这个问题，因为课堂上会用很多别人的照片。第 24 条第 1 款第（一）项规定"为个人学习、研究或者欣赏，使用他人已经发表的作品"，要求是个人，我自己打印出来个人使用，没有商业用途是可以的。第 1 款第（二）项规定"为介绍、评论某一作品或者说明某一问题，在作品中适当引用他人已经发表的作品"，比如你写了一篇论文要介绍某个作品，进行引用是可以的。第 1 款第（三）项规定"为报道新闻，在报纸、期刊、广播电台、电视台等媒体中不可避免地再现或者引用已经发表的作品"是可以的。第 1 款第（四）项规定"报纸、期刊、广播电台、电视台等媒体刊登或者播放其他报纸、期刊、广播电台、电视台等媒体已经发表的关于政治、经济、宗教问题的时事性文章，但著作权人声明不许刊登、播放的除外"，如果作者不声明制止，就是不保护的。第 1 款第（五）项规定"报纸、期刊、广播电台、电视台等媒体刊登或者播放在公众集会上发表的讲话，但作者声明不许刊登、播放的除外"。比如北大法学院潘院长 2020 年在毕业典礼上的讲话，讲得很好。学生代表和教师代表讲话内容在法学院官网上都发布了，潘院长的讲话没发。我问他为什么不发？他说："脱稿讲话太动情了，还是不发了。"如果作者本人要求不发就不能发，否则就是侵权。第 1 款第（六）项规定是我比较关心的，"为学校课堂教学或者科学研究，翻译、改编、汇编、播放或者少量复制已经发表的作品，供教学或者科研人员使用，但不得出版发行"，也就是不能写书，只能讲课用，比如在 PPT 里用。第 24 条第 1 款其他几项就不讲了。

《著作权法》第 25 条规定了教科书的问题，第 1 款规定："为实施义务教育和国家教育规划而编写出版教科书，可以不经著作权人许可，在教科书中汇编已经发表的作品片段或者短小的文字作品、音乐作品或者单幅的美术作品、摄影作品、图形作品，但应当按照规定向著作权人支付报酬，指明作者姓名或者名称、作品名称，并且不得侵犯著作权人依照本法享有的其他权利。"这里规定的是什么教材呢？不包括各位使用的大学教材，而是指九年义务教育的教材。

什么是侵犯著作权的行为呢？就是下面这几条的规定。

《著作权法》第 52 条第（一）项是"未经著作权人许可，发表其作品的"。第（二）项是"未经合作作者许可，将与他人合作创作的作品当作自己单独创作的作品发表的"，也就是不署合作者的名字。第（三）项是"没有参加创作，为谋取个人名利，在他人作品上署名的"，也就是在别人的作品上署上自己的名字。第（四）项是"歪曲、篡改他人作品的"。第（五）项是"剽窃他人作品的"，比如我把别人的一段内容整个抄了过来，说成是我的，不加引号也不注明出处，这是不行的。第（七）项是"使用他人作品，应当支付报酬而未支付的"，比如百度上很多照片都是要支付报酬的，我不知道，直接用了，就属于侵权了。

我们可以回想一下第一讲提到的例子。有摄影师拍了北大的照片，被我们有的院系用了，摄影师起诉后我们赔了钱。按照2018年的价格，这些照片用一次最低也要数百元。

现在我们讨论图片网站与图片作者及相关人的关系问题：

第一，《著作权法》要求保护对象必须付出了创造性的劳动。图片网站将他人的作品做成矢量图，打上水印并不属于创造性的劳动，只是一般修图劳动，与人物或风景摄影有根本的区别，后者是从无到有。

第二，二次拍摄。为什么自己的物品被二次拍摄产生了别人的著作权？其实商品和大楼本身不产生摄影作品的著作权，但在拍摄过程中摄影师付出了创新性劳动，比如，构图、光影和明暗对比，则是被大家所认可的。

第三，肖像权和摄影作品著作权的冲突。很多明星吐槽，在公开场合摄影师拍摄自己后将摄影作品卖给了网站，而自己不仅一分钱拿不到，使用时还需要自己买版权，摄影师和图片网站反而赚钱了。此时摄影师是否需要提前说明自己的作品最后是要卖给第三方？如果说了要卖这张照片，被拍摄者可能不同意拍了。

所有这些问题大家都是要考虑的。我希望大家去视觉中国网站或全景网站上访问一下，上面有上亿张分类照片，比如中秋节的月饼、中秋节的兔子等，如果下载使用，有许多是要付费的。

另外，保护版权与合理传播的界限，也有很多问题需要讨论。

中国的模式是电影、电视剧版权付费，比如成为会员交会费；或者观看广告，我们看正片的时候就不用交钱了，由广告商承担成本。在国外网站上看电影或电视剧，有许多是没有广告的，都是交了钱才能看，对版权付费，其实也很不方便。回国之后会感叹总算方便了，广告看就看吧，几十秒钟还不能忍受吗？国内外看来观念是不同的。在版权保护和广泛传播之间可以有不同的选择模式。

在互联网时代，传播更加便利，合理传播和保护版权之间的界限需要好好考虑。因为在互联网上，照片的传播量高了，以往的画册最多卖几千本，买到了才能看，而传播量高了后知名度就提升了，这不也是一个收获吗？那么广告在一定程度上能弥补版权人的收入吗？如果有一定数量的广告，是不是可以让大家免费使用呢？这个也是一个想法，不一定要死盯着著作权法去法院打官司，著作权法的一些规定已经慢慢不太适应互联网时代了。愿意看的打赏，不愿意看就跳过去，都是观众自己的选择，不一定要按著作权法，会费、广告收入都可以作为版权收入。

还有很多投机取巧的办法。比如：假设我并没有找 10 个明星代言，但是我把他们的照片拿来，说他们给我"代言"了。这个广告发出去后，销售量很快就上去了。这个时候明星们的经纪人、代理人发现了，提出抗议，要求把照片撤下去，否则起诉。我撤下来了，如果对方起诉，我不去应诉，而是告诉对方我可以支付 200 万元代言费，让明星来做真的代言，并请他们撤诉。打官司肯定赔不了 200 万元，能赔 10 万元、20 万元就不错了。可能明星的经纪人就会签这个代言合同。

所以很多网站就会先去侵权，然后再来谈判，否则这种小公司就很难有大明星愿意代言。打官司的成本是很高的，因为公司可能是在一个小县城，诉讼是很费劲的。广告收入比诉讼收入要多得多，你究竟是想多要钱呢？还是要争口气？这也是互联网普及之后出现的一种选择，此前在纸质广告和电视广告时代是没有的。

我们看一个雕塑作品被侵权的例子，如果大家到兰州，一定要去看这个黄河边上的雕塑，这就是著名的《黄河母亲》（图3-2），它是兰州的地标性建筑，作者是何鄂女士。何鄂是1937年出生的，是位老雕塑家了，现在有自己的雕塑学院。这个景点在兰州著名的滨河大道上，当地的出租车司机都知道这个雕塑的地点。这个作品因为太著名多次被侵权。

2002年12月7日，何鄂向陕西省渭南市中级人民法院起诉称，洽川景区的一个船运公司仿制其作品，仿制的人叫卢忠敏。何鄂要求其赔偿105万元，消除影响，将仿制品拆除。仿制品如图3-3所示。

大家能看出哪个好看吗？我稍微讲一下，看雕塑和看画的时候，要看动力线，这条线是斜的，就非常舒适，如果线画得不好，差一毫米都不行。这个仿造品的动力线就直了，完全僵化了，不好看。

何鄂的作品是委托创作的，委托单位没有雕塑的署名权。一审法院判决支持销毁仿制品，同时认为仿制品歪曲了原作品的人物形象，但是赔偿金额只有12.9万元。2003年，《黄河母亲》创作委员会认为赔的钱太少。当地法院以盈利无法计算为由，对《黄河母亲》创作委员会提出的仿制品带来的78万元的非法收入不予采信。

还有一起山东滨州的《黄河母亲》侵权案。这个作品里的孩子跑到另一面去了（图3-4），人脸也不一样，比刚才那个做得好一点。滨州法院同样支持了原告的请求，判决停止侵权，赔偿27万元的同时判令拆除作品，赔偿精神损失3万元等。

图 3-2

图 3-3

图 3-4

图 3-2《黄河母亲》何鄂
　　　　王勇 / 摄
图 3-3 陕西洽川景区《黄河母亲》雕塑仿品
图 3-4 山东滨州《黄河母亲》雕塑仿品

图 3-5
《智圣》张德华
包康赟 / 摄

还有一起山西大宁的《黄河母亲》侵权案件。该案当事人双方于 2010 年 10 月 14 日达成和解协议,起初和解协议履约良好,但是出现反复,当地政府还想将侵权的塑像保留下来,联系何鄂前去"修像",被她拒绝。

何鄂是非常有名的雕塑家,做这个雕塑也很不容易,找了很多大理石一点点做,最后拼到一起,然后再把接缝的地方打磨好。

我们学校有一个女雕塑家张德华的雕塑作品,她创作的雕像陈设在赛克勒考古与艺术博物馆后面的花园里,是一个古代人坐在那里看书的形象,名字叫《智圣》(图 3-5)。这位著名雕塑家已经去世了。中国的女雕塑家很少,仅有的几个都很著名。这些雕塑家即使很有名,自己的东西被侵权了,最后维权也极其艰难。

还有一个问题：模仿是否侵权？比如说佛像，各个庙里都有模仿的佛像，佛像有版权吗？

宗教是需要传播的，传播得越广越好。《圣经》没有版权，在教堂可以随便拿。愿意捐钱的捐点钱，不愿意就免费拿走，以传播为第一。

仿制佛像可以，但是仿制《黄河母亲》雕塑就不行。佛像是没有办法保密的，因为大家都可以看得到，只不过制作工艺是保密的，比如泥塑之后不变形也是很难的，每个寺庙请的手艺人有自己的本事，但是佛像的外观是可以仿的。

再看这个例子，这两张画（图3-6、图3-7）显然是后者学前者。图3-6是江苏著名画家谢友苏的作品，内容是老先生歪着头在看当代艺术风格的作品。图3-7是模仿品，作者不详，所不同的是，画中三位老先生是在看少妇。请问，图3-7是盗版吗？肯定是盗版，因为抄袭了谢友苏先生的构图和创意。

广义的盗版也包括抄袭和"顺迁"。谢友苏先生要不要打官司再

图3-6 谢友苏先生作品
图3-7 谢友苏先生作品仿品

图3-6

图3-7

图3-8《戴珍珠耳环的少女》

[荷]约翰纳斯·维米尔 1665年

图3-9

说,但是从广义上讲肯定是盗版,因为构图完全一致,而且思路是谢友苏先生的创意。

再来看一幅欧洲名画《戴珍珠耳环的少女》(图3-8)。后来有许多模仿这幅画的作品,后者算盗版吗?原画的画家叫维米尔,也有译成威米尔的。他一生只留下三十多幅画,就英年早逝了。这幅也是别人委托画的,据说画家自己也喜欢这幅画,画完之后舍

不得给人家。

  像图 3-9、3-11 这样拍照算侵权吗？这并不算。这是搞笑摄影。

  图 3-12 有两个名字，一个是《美国哥特式》，一个是《美国农民》，在美国绘画史上是经典之作。

  图 3-14 是莫蒂里安尼的画。

  图 3-16 是穆夏的画。

图 3-10《乌尔比诺公爵肖像》[意] 皮耶罗·弗朗西斯卡 1473—1475 年

图 3-11

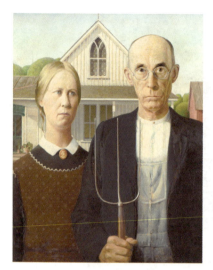

图 3-12 《美国哥特式》

[美] 格兰特·伍德 1930 年

图 3-13

图 3-15

图 3-14 《白领子的埃尔维拉》

[意] 莫蒂里安尼 1919 年

图 3-18 是美国很有名的艺术家安迪·沃霍尔的作品。他拿照片去印刷，印刷出很多样式，一个图不同颜色，最后拼成一个图。

像图 3-13、3-15、3-17、3-19 这些作品作为搞笑作品算侵权吗？

我们再来看看油画仿制产业。

中国有很多类似深圳大芬村、福建双坑村、泉州东张村等专门从事仿制画生产活动的地方。深圳大芬村，核心区域面积只有 0.4 平方公里，里面住了几千人，现在成了著名的油画产业基地（图 3-20）。村里有 2000 多个画家，200 多个画廊，上万个画工，每年创作 100 多万张仿制画，创汇 3000 多万元。现在的门店就更多了，周围的村落也都加入了这一行业，发展成为一个区域更大的产业基地，不光是仿制油画，油画培训班及画框、画布、染料、画册产业全部都集

图 3-17

图 3-16《雅罗斯拉夫的肖像》[捷]阿尔丰斯·穆夏 1925 年

图 3-18《玛丽莲·梦露》
[美]安迪·沃霍尔

图 3-19

图 3-20
大芬村油画占全球油画市场约 60%

中在这里。那里有一个地标——画架子。

最早的时候有一个叫黄江的人,他从我国内地偷渡到香港特区去做仿制画,但是香港特区的劳工价格上涨了,他就到福建做订单,卖给海外的采购商,采购商会卖给海外的酒店或者经营家用装饰的店铺。黄江发现深圳的人工费用更便宜,环境也好,就从福建转移到了深圳大芬村。等他赚了钱之后,很多人就一哄而上,全在学他的做法。后来这里的租房、餐馆、打包、送货全都成了产业。我到过这个地方多次,每次去深圳办事都会去看一下。大芬村每条街巷全是油画。北大的学生硕博论文都有写这个内容的。这个

图 3-21

村主要卖这种仿制油画,都在小胡同里卖。因为天气热,颜料的味道也比较大,画家就会出来在室外画。

这里后来也有画家自己创作的油画,但是就很少有订单。

外国人来拍了一个电视纪录片,讲了一个真实的故事。在百度网上可以看到这个故事,摘要如下:

故事的主人公是宁波一个叫赵小勇的青年,30年前他到深圳来找活干,然后辗转到了大芬村。他不会干别的,也没有画画的技术。但是他看到黄江已经开始做这个生意,而他也喜欢画画,所以就开始学画,开始学画梵·高的画。大芬村卖得最多的就是梵·高的画,因为梵·高的画比较粗犷,构图也不要求那么精确,颜色对上就差不多了,肯定比学维米尔的《戴珍珠耳环的少女》容易得多。比如学画《梵·高自画像》《向日葵》《星夜》等,一开始可能只画底子和背景,别人画向日葵,再有人专门整理。后来赵小勇开始画《向日葵》,画过十万张《向日葵》,他是世界上画《向日葵》最多的人。他的一些伙伴也来到了这里开始画画。赵小勇就决定在这里(大芬村)住下来不走了。

在这里晾晒油画也是像批量生产一样,像晾床单似的。吃饭也在这里吃,油画颜料的味道很浓,但赵小勇也不在乎。他画各种各样的《梵·高自画像》,各种各样的《向日葵》,国外认为他画得最快、最好,价格也最便宜。大概一张画能卖十块钱,如果订得多,可能一张油画《向日葵》就五元钱。这是什么价?买一管油画颜料都得十几元钱呢!

据百度网载,后来一个和赵小勇合作了十多年的荷兰画商被他感动了,邀请他到荷兰去,只让他花机票钱,到荷兰以后管吃住。赵小勇和妻子商量之后决定去荷兰看"梵·高"(图3-22)。"2014年,赵小勇第一次出国到了阿姆斯特丹,发现国内十元钱一张的画,在国外卖到了几百元,价格翻了十倍,都是在卖旅游纪念品的地方。这对他的打击非常大,因为他以为自己的作品进了真正的画廊。后来他到了梵·高美术馆去看原作,他被惊到了。他原来以为自己画的和原作很接近,看完原作以后说自己画的与原作的精神气质差距太大了。他站在原作的面前久久观看,尽管自己已经画了十万张。"

图3-23是赵小勇在荷兰的梵·高美术馆看《梵·高自画像》的原作。

图 3-22

图 3-24
转型后的赵小勇工作照

图 3-23 赵小勇在《梵·高自画像》前久久驻足

赵小勇开始明白原创的价值，从临摹转型到原创，离开大芬村，到宁波开了一个画廊。虽然开始有可能卖不出去，但是他一直在坚持用梵·高的笔法画自己的画，早晚有一天，他也能成为著名的油画家。

赵小勇从荷兰回国后，开始自己创作油画作品了，借鉴梵·高的笔触和色彩，描绘中国的风景，图 3-24 是他创作作品时的工作照。我去年去深圳开会，抽空去了大芬村，去了赵小勇工作室，他那天刚好在里面画画。我与他聊了一会。他告诉我说，后来他从老家宁波又回到了大芬村，因为这里画画的人多，市场也大。

本讲讨论了几个问题：摄影的著作权、著名雕塑《黄河母亲》版权侵权、名画仿制作品侵权、商业油画仿制产业等，现实中遇到的版权问题远远比著作权法规定的复杂得多。法律规定都是原则性的，案例则是具体的。要适用法律就要考虑怎么用原则性的法律去解释具体的案例。每个人的解释都不一样，没有统一的答案，尤其是在互联网背景下，类似问题会更加多样和复杂。

第四讲

图像与肖像权

GRAPHIC AND LAW

图 4-1

人物形象受法律保护吗？有一种说法，名人属于公众人物，公众人物形象（含肖像）受法律保护程度比普通人要低。

先回顾涉及名人肖像侵权的例子。1993年电视剧《我爱我家》中，第17、18集讲的是葛优饰演的"二混子"纪春生蹭吃蹭喝的事情。当时也没有引起观众的注意。可是在网络可以传播表情包之后，出现了所谓"葛优躺"的表情包（图4-1）。

后来这个"葛优躺"的表情包在网络上广泛传播，而且还被加上各种各样的文字，成为一种很流行的表情包。

为什么会流行呢？网络上也有一些分析：例如，"可以优雅地表达负面情绪"或者"每当我不开心时，每当我感觉身体被掏空时，就会想起葛大爷躺沙发。所以如果聊天时用这个图片回复了你，只是在表达我小小的负面情绪"。或者"传神的面部表情和肢体语言，完美传达了我们内心的微妙情绪"。或者"如此空洞的眼神，呆滞的目光，颓废的表情，狂放的姿势……一张图可以帮助我们省略内心的一万字，对方不说话只是扔给你一张'葛优躺'，你就懂了"。

还有一种解释说："中国人从小就被教育，'坐要有坐相，站要有站相'。可是这种欠文雅的身姿，却奇迹般地走红网络，说明了人们的一种逆反心理。"

2016年7月，葛优将艺龙网信息技术（北京）有限公司（以下简称"艺龙网"）诉至法院。葛优认为艺龙网微博中提到"葛优"的名字，并非剧中人物名称，宣传内容为商业性使用，侵犯了其肖像权。同年12月，艺龙网未经葛优同意，在其微博发布致歉信。葛优认为致歉信承认了侵权事实，但同时认为致歉行为属再次利用其进行商业宣传。

还有一家基金公司也推送了一篇名为《假如葛大爷也炒股》的配图文章，在文章中放入了大量自己产品的广告。葛优认为该文章内容会让人以为自己也在买这款产品，容易引起误会，造成不好的影响。葛优以损害肖像权为由起诉了该基金公司，最后因为该文章阅读量不是很高，判决赔偿葛优9500元，并赔礼道歉。

上述案件，葛优胜诉。但是胜诉并没有抑制"葛优躺"表情包的使用，网络照样传播，甚至还被制作成各种各样用来斗图的表情包。

我的问题是：为什么这个判决对抑制该侵权表情包传播并没有起到作用呢？有人解释说，由于大多数网民不知道有此案例，因此大多数人根本不知道制作、传播该表情包是违法的。也有人认为，网络上的表情包传播是一种善意表达娱乐和幽默态度的方式，并无恶意侵权的本意。如果说这种行为是违法的，也不存在行为人主观上的故意。更有人认为，数以亿计的网民在用表情包，即便是违法，也只能是"法不责众"了。

一些读者也许是在看到这本书的时候才知道这个案例的：葛优起诉

艺龙网侵权，要求赔偿40万元。《民法通则》（那时《民法典》还没有颁布）第100条规定："公民享有肖像权，未经本人同意，不得以营利为目的使用公民的肖像。"即便是影视作品，其人物肖像权也归明星所有。葛优告艺龙网侵犯个人肖像权，造成不良社会影响。北京市海淀区人民法院一审判决艺龙网赔偿葛优7.5万元，并赔礼道歉，删除相关图片信息。

一审法院判决后，艺龙网不服，上诉至北京市第一中级人民法院。二审法院经审理后认为，该案争议焦点为，一审法院判决艺龙网在其微博中向葛优赔礼道歉是否适当，以及一审法院认定的赔偿数额是否过高。最终，二审法院维持原判，葛优获赔7.5万元。

同学们可能已经注意到，上述法院判决引用的是《民法通则》第100条规定的"公民享有肖像权，未经本人同意，不得以营利为目的使用公民的肖像"。接下来有三点需要注意：第一，在此案中，法院将"公众人物"视为"公民"，将公民（包括公众人物）肖像用于商业营利目的是违法的。第二，尽管商家很快就撤销了宣传广告并道歉，但仍然不能免除侵权的责任。第三，如何计算侵权赔偿数额，原告要求赔偿40万元，最后法院认定赔偿7.5万元，差别还是很大的。

我们讨论一下：第一，在肖像权保护项下，普通"公民"与"公众人物"有区别吗？如果有的话，应该怎样区别呢？如果没有的话，为什么没有？理论是什么？结合"葛优躺"表情包，葛优不是普通人，而是公众人物，他是著名演员，看过他演的电影和小品的观众都记得他的形象。那么葛优打官司的关键点在哪里？我认为关键点有两个：一是未经权利人许可，擅自将他的形象用于商业推广，而不是"葛优躺"的非商业目的的社交传播。二是该表情包涉嫌丑化别人形象（如被认为是懒汉、"二混子"、坏人的形象），从而损害别人名誉权（如不被社会主流舆论接受，消极、负能量、颓废），还会给别人造成社会负面影响（如让人误认为该产品质次价高）等。

第二，侵权方主动撤销涉嫌侵权广告并道歉，是否应该免责？侵权案件属于自诉案件，如果原告不同意，侵权方的责任应该由法院来裁定，而不应该由侵权方自己决定。

第三，赔偿数额应该怎样确定？法院根据法律规定，通常赔偿项目的范围包括：直接损失、精神损失、诉讼费、律师费等。关于一审法院认定的赔偿数额7.5万元人民币是否过高，二审法院认为，关于经济损失部分，葛优作为著名演员具有较高的社会知名度，其肖像已具有一定商业化利用价值，艺龙网对葛优肖像权的侵害，必然导致葛优肖像中包含的经济性利益受损。最后二审法院维持了一审法院确定的赔偿数额，即综合考虑葛优的知名度、侵权微博的公开程度、艺龙网使用照片情况、主观过错程度以及可能造成的影响等因素，酌情确定艺龙网赔偿葛优经济损失的处理适当。

到我2020年讲课时为止，据不完全统计，网上约有52位明星为维护肖像权、名誉权打过官司，并且均胜诉，获得共计265万余元的经济损失、精神损害等赔偿。判决文书所提及的被告侵权单位达74家，其中，一个整形机构最多的时候同时被7位明星起诉。天津市河东区人民法院作出的一起判决中，女明星林心如向使用了其照片用于整形美容类手术的整形美容公司索赔经济损失加精神损害抚慰金共计68万余元。最终，林心如获赔经济损失等共计2万元。此外，李湘起诉了5家公司共获赔13.95万元，柳岩、伊能静、李小璐分别起诉了4家公司，金巧巧在2014年至2015年间起诉了7家公司共获赔29.02万元。

网络社交平台为大众提供了传播空间，媒体研究工作者认为，各种表情包使得众多网友们摆脱了语言单一化的"尬聊",有娱乐效果。在人们工作生活压力越来越大的情况下,这些看似不合理的、打破常规的"囧萌"表情包反而更能刺激人们麻木的神经,有缓解精神压力的作用。

我们再看另一个公众人物表情包的例子(图4-2)。

由于姚明本人不介意,于是他的表情包越来越多(图4-3)。不仅在国内传播,还在国外传播,如图4-4。后来超出了表情包范围,进入了漫画领域,如图4-5。

那么,使用公众人物形象是否获得商业许可,是否

图 4-2

图 4-3

图 4-5

图 4-4

在国外,讲阿拉伯语的人不知道这张脸是谁,但都喜欢用这个 Chinese funny face 表情包

图 4-6

图 4-7

扭曲和毁损他人肖像，是侵权与否的关键。

还有一些名人形象也被制作成表情包，他们虽然没有起诉，但是他们并不高兴。例如，《还珠格格》中尔康的饰演者周杰曾表示，"表情包"大家可以随便用。但是，当看到自己的表情包被丑化恶搞时，周杰也曾表示过不满（图 4-6、4-7）。

电视剧《都挺好》中苏大强的扮演者倪大红先生的形象被制作成表情包，并在网络上被广泛传播。

甚至一些宣传知识产权的公众号也使用"苏大强"的表情包，如图 4-8。

《新京报》记者采访了这个表情包的作者刘倩。记者问："'苏大强'表情包被很多商家用于其他地方，也有粉丝公开为你呼吁'保护版权'。对此，你怎

图 4-8

么看?"

刘倩:"我画的是粉丝作品,没想太多。不过,表情包确实对电视剧起到了宣传作用,也有很多人留言说,他们是看了我的表情包才去看这部剧的。但我觉得,这是相辅相成的关系,如果没有这部剧,我也不会火。"

记者问到版权保护问题,刘倩说:"至于版权问题,我也不太懂,超出了我的控制范围。我觉得大家喜欢这套表情包,才会去使用它、改编它,我希望有一定的包容。如果出现问题,可以提示一下,大家不必追究太多。"

刘倩还说:"当时是希望能火的,但没有想到会火得这么厉害。后来,感觉网上铺天盖地都是这个图,有点像闯了祸的感觉，毕竟这个是粉丝作品，全国商家都在用，我感觉电视剧制作方会生我的气，或者有版权纠纷什么的。"

虽然这个表情包没有引发诉讼，但我们要考虑一个问题："苏大强表情包"与"苏大强"的形象有关，那么"苏大强"形象的版权属于谁呢？是属于《都挺好》电视剧组（制片方）吗？还是属于电视剧《都挺好》中苏大强的扮演者倪大红呢？或者这个表情包的版权就是属于刘倩（苏大强表情包作者）呢？我个人的看法是：

（1）苏大强的形象版权属于电视剧制片方和演员倪大红共同所有。

（2）苏大强表情包的著作权属于刘倩。

到目前为止，《都挺好》电视剧制片方与苏大强扮演者倪大红先生对该表情包的态度都是善意包容的，他们通过媒体表达了一些看法：著作权法在保护权利人的同时，还鼓励作品的传播和文化事业的繁荣。因此善意的、非营利的表情包的创作与传播，实质上促进了相关作品的传播及演员知名度的提升。

对于其他影视作品的表情包，许多制片方与演员采取了包容态度，但是也有一些制片方和演员选择通过法律渠道解决问题：给表情包制作者发律师函或起诉等。发律师函或起诉，就要保全证据。值得注意的是，在网络条件下，制作、首发与转发是不同的，需要区别对待。特别是将影视剧演员形象的表情包以商业为目的使用的，这种商业行为与普通社交转发行为是有本质不同的（图4-9）。对于商业使用的表情包，在法律上应该讨个说法。

对于这种情况，有律师建议，基于影视作品角色或真人形象创作而成的表情包，还应当根据情势考虑是否损害了他人的合法权益。这里的他人合法权益主要包括如下三类：

一是著作权。如果表情包的创作援引的是影视作品中的单帧或多帧

图 4-9

作品,或者是剧照,或者是作品台词中具有独创性的内容,则需要取得影视作品制片方的授权。

二是肖像权。如果表情包使用的是真人形象,或者虽然使用的是卡通形象,但普通公众能够将其与真人建立起对应关系,那么当表情包的使用有营利性目的时,未经权利人许可即为侵权。

三是名誉权。目前在社交应用中还存在一类表情包,其对真人形象进行了不雅改编,或者配上了不雅文字。如果这些改编或文字达到了一定的贬损程度,造成了当事人社会评价降低,则这样的表情包,无论是否有营利目的,都涉嫌侵犯相关主体的名誉权。

现在网络上还有另一种情况,直接用公众人物的照片,加上自己的文字,制作成图片发到网上。这种做法仅仅是为了搞笑,并无商业目的,请问这种情况属于侵犯公民肖像权的违法行为吗?

做表情包的行为在互联网时代很容易进行,把网上现成的图片贴上自己想要加的字,或进行简单的修图，或做成动图。很多人的技术很好，可以进行大量改造。但是法律保护的著作权是哪一种呢？用别人的照片加上几个字就做成表情包了，这有独创性吗？还是说我需要重新画一张画而不是直接用他们的照片？哪一种具有独创性呢？我们曾讲到，要保护独创性，显然重新画出来的具有独创性，照片的独创性小，但现在网络上更多的是直接改造照片。

再看这些例子（图4-10）是否侵权？著名企业家王石的肖像被加了文字，做得很搞笑，但对照片里的人肯定是不利的。

马云的表情包更多。

我们无法知道马化腾看到这些表情包是怎么想的，大部分同学认为没有到损毁名誉的程度。

还有董明珠等人的表情包，这些表情包损害这些

图4-10

著名企业家的形象吗?

图 4-11 是著名企业家曹德旺的表情包,全球约 80% 的汽车挡风玻璃是他的企业生产的。把他的嘴唇画得这么厚,画得很夸张,下巴画这么大。这损害他的形象吗?

我检索网上资料,尚未看到上述名人因为他们的搞笑表情包而起诉的案例,这说明这些名人对此采取宽容、谅解或容忍的态度。

这也是一种趋势,使用名人表情包没有商业目的,只是一种网络表达方式,公众人物对此多数采取包容的态度,但如果用名人表情包营利,那就要另当别论了。

再看历史人物。比如图 4-12 中鲁迅说"我没说过这话,不过确实在理"。虽然鲁迅先生已经故去了,但是他的家人还在,可以起诉吗?

我不知道为什么网民们突然喜欢恶搞杜甫,而李白和白居易被做成表情包的却很少。图 4-13 的杜甫像,是画家蒋兆和先生画的,是为中小学课本画的插

图 4-11　　图 4-12

图 4-13　　　　　　　　图 4-14

图。我认为类似图 4-14 这些表情包已经损害了杜甫的形象了，他是诗圣啊。

北京互联网法院 2020 年作出过一个裁定，认为下列四种情形属于侵权：第一，剪辑明星综艺片段放到网络平台；第二，制作明星表情包、蜡像、泥塑等进行销售；第三，自媒体未经授权，在软文中使用明星的剧照或写真；第四，电商平台用他人肖像推广产品。显然，现在看来，用明星肖像做表情包，比如"苏大强"的表情包，没经过权利人的同意就属于侵权，权利人是否起诉是另外一回事。

《民法典》第 990 条第 1 款规定："人格权是民事主体享有的生命权、身体权、健康权、姓名权、名称权、肖像权、名誉权、荣誉权、隐私权等权利。"名誉权、肖像权是所有人都有的，马云、曹德旺、王石也有,当然是受保护的。《民法典》第991条规定:"民事主体的人格权受法律保护,任何组织或者个人不得侵害。"

肖像可以经许可使用,《民法典》第993条规定:"民事主体可以将自己的姓名、名称、肖像等许可他人使用,但是依照法律规定或者根据其性质不得许可的除外。"第995条规定:"人格权受到侵害的,受害人有权依照本法和其他法律的规定请求行为人承担民事责任。受害人的停止侵害、排除妨碍、消除危险、消除影响、恢复名誉、赔礼道歉请求权,不适用诉讼时效的规定。"这点很重要,假如适用诉讼时效则不利于人格权的保护。

《民法典》第999条则规定:"为公共利益实施新闻报道、舆论监督等行为的,可以合理使用民事主体的姓名、名称、肖像、个人信息等;使用不合理侵害民事主体人格权的,应当依法承担民事责任。"如果使用不合理侵害了民事主体人格权的,需要承担责任,如果没有侵害,媒体和政府监督部门都是可以用的。

《民法典》第1000条规定了民事责任的比例:"行为人因侵害人格权承担消除影响、恢复名誉、赔礼道歉等民事责任的,应当与行为的具体方式和造成的影响范围相当。行为人拒不承担前款规定的民事责任的,人民法院可以采取在报刊、网络等媒体上发布公告或者公布生效裁判文书等方式执行,产生的费用由行为人负担。"

《民法典》第1018条规定的是肖像权:"自然人享有肖像权,有权依法制作、使用、公开或者许可他人使用自己的肖像。肖像是通过影像、雕塑、绘画等方式在一定载体上所反映的特定自然人可以被识别的外部形象。"第1019条规定:"任何组织或者个人不得以丑化、污损,或者利用信息技术手段伪造等方式侵害他人的肖像权。未经肖像权人同意,不得制作、使用、公开肖像权人的肖像,但是法律另有规定的除外。未经肖像权人同意,肖像作品权利人不得以发表、复制、发行、出租、展览等方式使用或者公开肖像权人的肖像。"

《民法典》第 1020 条规定了一些免责情形,可以不经权利人同意而合理使用。例如,为个人学习、艺术欣赏、课堂教学或者科学研究,在必要范围内使用肖像权人已经公开的肖像,可以不经肖像权人同意;新闻报道不可避免地会使用他人肖像,这是可以的;国家监督机关、监管机关因为公务可以公开使用他人肖像;展示特定公共环境不可避免地会使用他人肖像;为维护肖像权人的权益而制作使用的肖像等,可以不经肖像权人同意。第 1023 条规定:"对姓名等的许可使用,参照适用肖像许可使用的有关规定。对自然人声音的保护,参照适用肖像权保护的有关规定。"

我们举一个侵害名誉权的例子。

2001 年 4 月,古越龙山绍兴酒股份有限公司酝酿用鲁迅的名字推出一款鲁迅酒(因为古越龙山就在鲁迅的家乡绍兴),为此一直在和鲁迅的后人商量。周海婴是鲁迅的儿子,周令飞是鲁迅的孙子。鲁迅后人担心会损害鲁迅名誉,所以和公司达成了协议,由周家来做这件事。但是,注册商标时却没有成功。2001 年 8 月 9 日,原国家工商总局以名人商标是特殊商标要考虑特殊影响为由告知鲁迅后人,驳回了相关申请。鲁迅后人认为,商标之所以要在古越龙山使用,是因为这个地方就是鲁迅的家乡。这个公司是当地最大的黄酒生产企业。但这种认识是商业化的,没有考虑鲁迅先生在全国人民心目中的政治、文化地位和影响,所以我认为驳回该商标注册是正确的。

现在虽然"鲁迅"没有被注册成商标,但是鲁迅小说中的很多人物形象、场景、物品都已经被注册了。例如,现在有 17 个孔乙己、22 个百草园、45 个闰土,此外还有祥林嫂、鲁镇、三味书屋、阿 Q、社戏、茴香豆、梅干菜，而咸亨酒店这个品牌估值已达 34 亿元，但是"鲁迅"一直没有被批准商标注册，这是对的。

那么如果注册"鲁迅"酒，各位同学接受吗？他的儿子和孙子都接受，各位接受吗？我肯定是不接受的。

这种情况国外也有，比如，在维也纳有很多巧克力的包装就用了音乐家的头像，例如莫扎特牌的糖果、酒等。

2020 年 9 月 17 日，北京互联网法院召开关于网络环境中侵害肖像权案件的审理情况新闻通报会。从 2018 年 9 月 9 日到 2020 年 8 月 31 日，北京互联网法院共受理利用网络侵害人格权纠纷 6284 件，其中 4109 件是肖像权侵权案件，占比约 65.4%。在各类互联网侵权案件中，肖像权侵权案件的数量仅次于排名第一的著作权侵权。

我们再看街拍侵犯肖像权的例子，这种情况如果要起诉侵权人或网站，就涉及侵权行为实施地和侵权结果发生地，比如"十一"期间去杭州，在杭州被拍了照片，也在当地被公布了，要起诉的话就要去杭州，要么自己过去，要么请当地律师，这个费用是不小的。

有关肖像权、名誉权、生命权、财产权等案件中，肖像权侵权案件是最多的。涉案最多的行业是美容和化妆品业，医疗业、服装服饰业则各占 6%，珠宝业占 3%。大部分是利用有一定知名度的公众人物进行宣传。

北京互联网法院立案庭庭长介绍，软文广告中未经许可使用他人肖像的和未经许可在网络店铺中售卖明星同款产品的情况比较突出，比如明星穿什么衣服背什么包，就打出来明星同款，还有 P 图换脸，这种网络侵权的新方式已经很普遍了。在判断的时候有五点规则：第一，未经许可在软文中使用他人肖像；第二，未经许可使用他人肖像，捏造、散布虚假事实；第三，肖像权人的知名度是酌定计算赔偿金考虑的因素之一；第四，造成虚假代言效果的必须承担更重的赔偿责任（这种情况很常见，即未经允许先借名代言，事后诉讼中协商）；第五，依法合理使用的不构成肖像权侵权。

下面分别举例。

第一，在软文广告中未经许可使用他人肖像的侵权。2018 年 12 月 21 日，某微信公众号推文说刘某某用过宫廷美白秘方，效果惊人，配图是刘某某的照片，介绍了中药美白的科普内容。原告认为侵犯了其肖像权，法院支持了其诉求。

第二，未经过肖像权利人同意，捏造、散布虚假事实，同时构成肖像权和名誉权侵权。2018 年 8 月 11 日，某美容院推文中使用了原告秦某的照片，声称其使用了自己的美容产品，后面介绍了公司产品、专家团队、咨询渠道。原告诉至法院，法院查明属于虚假宣传，判决停止侵害、消除影响、赔礼道歉、赔偿损失。

第三，以与明星同款的名义利用其肖像来宣传产品的侵权。某公司未经原告同意使用了某明星形象作为品牌展示模特，原告是具有较高社会知名度的影视演员、公众人物，其肖像有较高商用价值。某公司所使用的肖像清晰可辨认，并且标明了明星同款，某公司以营利为目的使用其肖像构成侵权。法院审理认为构成肖像权侵权，要求被告停止侵权、消除影响、赔礼道歉。原告的肖像具有商用价值，法院综合考虑其知名度、被告过错程度、侵权行为等具体因素，对原告的经济损失酌情认定，某公司也应赔礼道歉。

第四，构成侵权时造成虚假代言效果的应承担更重的侵权责任。被告某公司在其微信公众号中有 5 篇宣传自己产品的推文，每篇都使用了原告孙某某的肖像，2019 年 4 月，该公司在其网站首页明显位置用了 4 幅孙某某的半身像，并配有某电视剧主演孙某某携手助力的广告语，原告认为其构成侵权。法院审理后认为，被告未经原告允许，擅自在其官网和公众号使用原告肖像和姓名权推广产品，构成侵权，支持原告的请求，判决被告赔偿原告 50 万元，并停止侵权、赔礼道歉。

第五，新闻机构发布非新闻报道时使用他人肖像不构成合理使用，不能免除侵权责任。2016 年 7 月 10 日，某商报实名注册的一个微信公众号在推文中使用了葛某多张剧照，并进行了 PS 处理，然后底部是该商报的宣传用语。这肯定不是新闻报道，而是广告。被告未经允许使用他人形象推广自己的商品，构成侵权。

上面这些是最新的法院审判此类案件的一些原则。我们可以思考一下，为什么关于外国政治人物的讽刺漫画很少受法律制裁。

网上可以找到特朗普的讽刺漫画，什么样的都有。

比如说他是个野蛮人（图 4-15）。

比如在他访问英国的时候，有人在总统车队经过的沿途放了一个气球，6 米高，很大，英国法律也不管，没有听说有人被抓（图 4-16）。

比如在美国南达科他州的拉什莫尔山总统雕像上加了特朗普的画像（图 4-17），画中特朗普说"把我做得瘦一点，去掉其他人"。

也不是所有画政治人物的漫画的都不受法律制裁。比如 19 世纪的杜米埃讽刺路易·菲利普，画中他张个大嘴，舌头伸很长，把粮食、财富都给吞了，结果被判监禁 6 个月。他还讽刺过路易·菲利普会变成水果，讽刺议会的议员没有一个形象是好的，都是又胖又奸诈。2020 年法国发生的教师展示漫画被斩首案件也是一个例子。那么使用政治人物肖像是否侵权的界限在哪儿呢？为什么有的可以，有的就要被判刑呢？

此外还有儿童的肖像权保护问题。

儿童也是公民，没有经过同意擅自把他的照片发出来，或者拿去做广告，也是不可以的。第一，儿童是公民，那么他需要特殊保护吗？第

图 4-15

图 4-16　　　　　　　　图 4-17

二，是将儿童作为普通公民保护，还是说无论不保护还是额外保护都无所谓，或者说儿童肖像权保护是一个伪命题？

为了回答这个问题，我在美国访问期间专门到其网站上去查，网上几乎找不到儿童的照片，除非是商业代言，比如牙膏、儿童服装等，儿童的生活照几乎没有。中国也很少，但还是有个别的，比如没有经过父母同意传到网上的，比如拍留守儿童的照片，儿童本身可能不懂得这样被拍的后果是什么。还有监护人未经自己的孩子允许拍摄照片传到网上是否可以。再有就是医院患者的肖像保护，比如采访大夫的时候顺便拍了患者，未经患者同意，可以吗？亡者的肖像则控制得比较严格，因为我们中国人对生死很重视，亡者也是有尊严的,遗容是通过家人保护的,媒体是不能随意拍摄的,社会名人、政治人物则另当别论,因为他们是社会公众人物,人们可能想要瞻仰遗容表示尊敬、进行告别,比如瞻仰孙中山、毛泽东的遗容等。

我在这里举一个特别的案例,犯罪嫌疑人的肖像权问题。如果嫌疑人还没有被判决,其形象能否在媒体上使用?黄某诉央视侵犯名誉权、肖像权一案中,黄某是血站的工作人员,工作期间非法组织卖血,克扣卖血人员的营养费。央视的报道将其姓名、肖像都登了出来,原告认为央视侵权并起诉,北京市海淀区人民法院认为,黄某在工作期间违反纪律,违法实施卖血及侵害卖血人利益,报道并没有失实,所以不构成侵权,使用其形象是为了提高时效感、现场感,丰富新闻报道形式,没有营利目的,所以驳回原告的诉讼请求。原告不服,上诉到北京市第一中级人民法院,认为新闻报道"严重失实",但是二审法院认为,新闻报道没有捏造事实,而且是在鞭笞社会不良行为,所以裁定维持原判。

在处理嫌疑人照片时,有两种情况:一是完全不加以遮盖,在宣判有罪之前其形象完全被公示;二是会有一定遮盖,比如遮盖住面部等。例如,一名21岁的毒贩在云南被抓获,已经被判死刑,其肖像也被披露。再如监狱中的肖像照本不应流出,但网上这种照片随处可见。所以是否遮挡的标准是不一样的,各地不一样,不同案情也不一样。

在纸质媒体时代,相关的侵权是基本可控的,比如把纸质的传播载体直接销毁即可,但是在网络时代则难以管理,网络上每秒钟都有海量的照片被放出来,任何人都可以转发。法律面对海量的照片几乎是完全不适应的,是管不过来的,但是管不过来是否意味着法律就不管了呢?一方面要支持新技术,另一方面也要反对网络侵权,在这两者之间如何选择、法律干涉的界限怎么划定(明确但是否可操作),这些问题目前都没有统一答案。

第五讲

图像暴力与法律

GRAPHIC AND LAW

图 5-1

本讲开始之前我们先做一个小游戏。我画了四个动物：牛、马、兔子和狗。选牛的人在多数情况下都能干活、学习，心里不愉快也能忍受；选马的人每天很高兴，负面的东西对他们影响很小，很容易满足；选兔子的人比较中性，没有什么情绪波动；选狗的人就不容易高兴，一点儿小事都很容易激动。今天下午我和日本一桥大学 MBA 的学生开了 4 个小时的网络会议，用这幅图测试他们在疫情期间网络上课的感受。

日本一桥大学的学生选择兔子和马的最多，选狗的最少，我觉得以这样的方式测试心理感受比简单地用"happy""neutral"这样的单词更有趣一点。在疫情期间，我就是用画漫画的方式来表达我想要说的话，以此减轻连续 7 天、每次开 4 个小时网络会议的压力。

网上的图像既可以缓解人们的紧张心理、舒缓情绪，也可以对人造成心理伤害。对人造成心理伤害的网络图像，就是网络暴力的典型之一。

先看百度百科上网络暴力的定义：网络暴力是一种危害严重、影响恶劣的暴力形式，它是指一类由网民发表在网络上的并且具有"诽谤性、诬蔑性、侵犯名誉、损害权益和煽动性"这五个特点的言论、文字、图片、视频。这一类言论、文字、图片、视频会对他人的名誉、权益和精神造成损害，人们习惯称其为"网络暴力"。网络暴力不仅会对当事人的名誉、权益与精神造成损害，而且它已经打破了道德底线，往往也伴随着侵权行为和违法犯罪行为，亟待运用教育、道德约束、法律管制等手段进行规范。

网络暴力管理的效果并不明显，一再发生问题，特别是对青少年、演艺界的明星的网络暴力屡见不鲜，甚至对普通人的网络暴力也时有发生。网民有自由表达的权利，也有在网络上保护他人权益不受侵害的义务，这两者往往很难分清。难点在于，当事人可能因不堪忍受网络暴力而自杀，但目前的法律还不能有效地制止这类事情的发生。

比如持刀杀人，通过目击者能判断凶手。但网络暴力很难判定是谁做的，因为背后是一群乌合之众，被害人家属也不知道去找谁申诉。与传统的侵害相比，网络暴力的后果很多时候极其严重，但是法律的治理效果却不佳。以前仅文字就会造成很多侵害，而有图片、视频之后就更加棘手，因为图片会显得更真实，对被害人的侮辱就更厉害。比如文字的"愤怒的小鸟"和图片呈现出来的"愤怒的小鸟"，带来的感受是完全不一样的。

人们对图像有比对文字更强的感知力，这里面的原理我也与北医三院的眼科主任、视神经专家张纯探讨过。他谈到，视觉和神经是相关的，比如视觉看到不同的颜色、文字，神经的反应是不一样的，是否与心理相关目前还有待研究，但他很感兴趣。

由于手机功能的不断强大、传输速度的变快，由文字暴力发展到图像暴力，再到视频暴力。

广东省陆丰市某服装店店主蔡某声称在其店内购物的女高中生有偷

窃行为，并将监控录像放到网上，号召网友进行人肉搜索，导致该女生的姓名、学校、身份证号全部被公之于众。视频中的女生被周围同学指指点点，最后不堪重负，在 2013 年 12 月 3 日 20 时 24 分跳河自杀。警方于 8 日立案，拘留了店主，但能适用什么罪名呢？

第一个选择是《治安管理处罚法》第 42 条的规定，该条规定，有下列行为之一的，处 5 日以下拘留或者 500 元以下罚款；情节较重的，处 5 日以上 10 日以下拘留，可以并处 500 元以下罚款：第一，写恐吓信或者以其他方法威胁他人人身安全的；（这个肯定不是）第二，公然侮辱他人或者捏造事实诽谤他人的；（这个有可能）第三，捏造事实诬告陷害他人，企图使他人受到刑事追究或者受到治安管理处罚的；第四，对证人及其近亲属进行威胁、侮辱、殴打或者打击报复的；（这个肯定不是）第五，多次发送淫秽、侮辱、恐吓或者其他信息，干扰他人正常生活的；（这个也不是）第六，偷窥、偷拍、窃听、散布他人隐私的。（在很多公共场所都有监控视频，这对公民隐私会有影响吗？如果是政府机关安置的，还可以说正当，如果在私人的超市安装，是不是可以？）

这些都属于治安管理的范围，用这个条款的话，就属于行政执法案件，如果行政执法案件不成立，第二个选择是自诉，选择刑法中规定的诽谤罪。但是否可行呢？很多案件中原告不能查明网络侵权人的真实身份，因为侵权人用的是网名，当事人很难进行举证，很难用技术手段获取举证所需要的身份证号、真实姓名等，只有公安人员通过后台技术手段才行。这就是自诉案件维权的难点。比如曾有一个案件，某人对城管执法不满，便拍摄视频配文字进行诋毁，但事实上城管是合法执法。城管向公安机关报案，公安机关利用技术手段查明后将侵权人拘留 5 天。然而在自诉案件中，当事人没有这样的技术手段，所以很多视频的内容究竟是不是真的是存疑的，有可能是伪造的或者推测的，也有可能是诬陷的，但其一旦在网络上传播，引起人肉搜索，周围人就会产生怀疑，从而也就有可能导致当事人自杀。

大家有没有看过电影《搜索》？电影的女主角是公司白领，在医院检查出淋巴癌晚期，在回去的路上因为受到打击精神恍惚没有给老人让座，被人误解，被公交车上的记者拍摄视频后放在网上，网友则人肉搜索出了女主角，并且作各种荒谬的推测，女主角不堪重负，最终自杀。这个电影引起了铺天盖地的关于网络暴力的社会讨论，持续了很长时间，甚至超过了关于电影拍摄水平的讨论。

舆论认为这部电影反映了"科技发达给人类带来的负面影响，快节奏生活下人性的麻木和道德的沦丧"。陈凯歌导演对于这种人性的展现确实值得我们反思，很多网友也确实认为这是现实生活，电影向观众展示了媒体的快速发展给人们带来的负面影响。现实中很多媒体为了博人眼球，不分青红皂白，在没有弄清真相的情况下进行报道，导致当事人百口莫辩。我们习惯了网络带来的便利，但是没有习惯它所带来的危害，也许自己还没有深受其害，但深受其害的人所承受的压力是巨大的。人类社会假恶丑的一面更容易引起公众关注。

网络容易激发人性的恶的一面。曾经有一位声称自己是"耶鲁大学前校长"的人对中国大学的弊病进行批评，内容合乎情理，但一看就能判定是国人恶搞的手笔。两个证据：一是外国知名大学校长通常不会批评其他国家的大学；二是即便是有万分之一的可能，外国人也不会使用中国人常用的语句和思维方式来批评。媒体的狂轰滥炸、网络的无限放大、网民心态的扭曲，很大程度上助长了网络暴力，使得众声喧哗的虚假新闻、谣言诽谤铺天盖地、无孔不入，肆无忌惮地吞噬私人空间。之后的媒体审判与网络审判就把这件事定性了，而等到真相大白时已无人关心了。如何制裁网络给人类带来的这些负面影响，法律目前没有有效的治理方法。压垮《搜索》中女主角的不是癌症，而是网络暴力。

再看境外一些网络暴力的案件，受害者主要是青少年、青年演员、记者、青年职场白领。

梅根·梅尔案被称为美国网络暴力第一案，因为这个案子美国国会专门制定了《梅根·梅尔网络欺凌预防法》。2006年，美国密苏里州49岁的女子劳丽·德鲁与自己的女儿、雇员在网上虚构了一个16岁的男孩乔希·埃文斯，连续几周向13岁的梅根·梅尔表示好感，在后者对其产生好感后，这个虚构的人物开始恶语相向，最终导致梅根·梅尔自杀。这一切都是因为梅根·梅尔与劳丽·德鲁的女儿吵过架。梅根·梅尔的父母认为劳丽·德鲁是凶手，但是警方认为依据现有法律不能处罚。于是梅根·梅尔的父母就一直在呼吁、推动国会进行相关立法，在为女儿主持正义的同时，保护更多的人。

但事实上，网络暴力的后果是不确定的，因为每个人的承受能力不同，所以立法很难。网络暴力和死亡之间没有直接的因果关系，它可能导致死亡，也可能不导致死亡，不像持刀杀人致死，被害人和当事人之间是直接因果关系。

美国明尼苏达州的沃尔特教授认为，在类似的案件中，受害人从未免于受伤害，在他们眼里，整个网络世界都在伤害自己，自己未受到任何保护。梅

图 5-2

梅根·梅尔的母亲手拿梅根·梅尔的遗照

根·梅尔案对这种现状进行了挑战，2006年该案确定了加害人，但是法律却无力制裁。2009年正式推出《梅根·梅尔网络欺凌预防法》，该法规定，任何跨州、跨国交往中，以强迫恐吓骚扰他人、造成他人实质性情绪困扰为目的，以电子手段传播、重复的恶意行为均属违法，可以处罚金、两年以下有期徒刑，或者并罚。

但是直到今天，该法案在美国仍面临网络严格监管与宪法第一修正案保护的言论自由之间的冲突，即删帖是否对网民言论自由的限制，而这样的限制是否会对美国的意识传播、网络科技发展造成影响。比如美国对抖音的限制就在挑战自身的自由市场形态。

《最高人民法院关于审理利用信息网络侵害人身权益民事纠纷案件适用法律若干问题的规定》（2020年修正）第10条说明了几个认定侵权及侵权程度的因素，即"（一）转载主体所承担的与其性质、影响范围相适应的注意义务；（二）所转载信息侵害他人人身权益的明显程度；（三）对所转载信息是否作出实质性修改，是否添加或者修改文章标题，导致其与内容严重不符以及误导公众的可能性"。

上述这些规定的初衷都是好的，但是效果并不理想，原因在于网络环境下寻找侵权行为人如海底捞针，其真实名字、住址在自诉案件中难以查明，传票都没有办法送到。在网络环境下，程序公平正义的意义越来越小。在没有网络之前，我们接受的正义都是程序上的，但有了网络之后，程序正义越来越被怀疑，比如老人在网络环境中所面对的不利，再如自然人和机构（比如城管）在网络暴力侵害下受到的待遇也不同。前者在自诉案件中需要有证据才会被受理，而后者在网络暴力中受到的保护是高于自然人的。所以在网络环境下，实质公平才是正义的。

很多网友对人肉搜索情有独钟，仿佛自己在参加重大的"见义勇为"活动，以为在惩恶扬善，但实际上是在以道德的名义做违反法律的事情。

在澳大利亚有一个 6 岁的童星艾米，经常拍广告，但是在网络上受到谩骂，网民甚至建议其割腕。艾米受到了很大的伤害，告诉父母想要逃离这个世界，最后艾米在 14 岁的时候选择自杀。她的父母十分悲痛，邀请那些网民参加葬礼，但是除亲朋好友之外，没有一个攻击者来到现场。

艾米的朋友凯特琳也是一位 15 岁的童星，也受到了网络暴力的侵害。凯特琳的父亲则把相关的帖子曝光在网上，才度过了那段难熬的日子。英国也有一位 14 岁的女孩汉娜·史密斯，受到网络暴力后于 2013 年 8 月 10 日在家中上吊自杀。

类似的案件中，使用聊天室、电子邮件等进行网络暴力的加害者很多都逍遥法外。

从 2000 年到 2005 年，我国网络欺凌 10 岁到 17 岁

图 5-3
澳大利亚童星艾米

图 5-4
网络攻击者留言

少年的案件增加了50%。据日本兵库县统计，有10%的高中生称自己受到来自邮件、博客的骚扰；而据英国的调查，12岁到15岁之间的青少年有11%的受到过网络骚扰和欺凌。韩国的情形可能比较严重，现在类案判刑最高可达7年，但还是没能制止相关行为。2007年1月，一位演员出身的韩国歌手在家中自杀，没有留下任何遗言，但是家人透露，她曾经被网民恶意诽谤并出现抑郁，成为第一个因为网络暴力而去世的歌手。2008年10月2日，另外一位39岁的歌手同样在家中上吊自杀，其因与一位男明星的关系而受到了网络暴力的侵害。前述案件案发不到24小时（2008年10月3日），被称为"河莉秀第二"的变性艺人张彩媛也因为变性受到网络暴力的侵害而自杀，年仅26岁。尽管消息未公布，但此后不到三天，金智厚也因为被网络曝光有同性恋倾向受到攻击后自杀。2019年5月25日，韩国一位女团成员与男友分手后受到网络暴力攻击，留下遗言后自杀。

网络攻击几乎成为杀人工具，网络上流言蜚语的传播可能让一个正常人产生精神问题并自杀。明星也是人，所以网民既要自由表达，也要文明表达，坚持内容客观真实。

2019年12月，我国颁布的《网络信息内容生态治理规定》第24条规定："网络信息内容服务使用者和网络信息内容生产者、网络信息内容服务平台不得通过人工方式或者技术手段实施流量造假、流量劫持以及虚假注册账号、非法交易账号、操纵用户账号等行为，破坏网络生态秩序。"但是，现实中相关的行为还是难以被制止。

日本真人秀《双层公寓》中的女演员木村花是日本的摔跤冠军，因为自己是混血，肤色有些黑，所以经常被人嘲笑。电视节目中，有一个情节是她想珍藏起来在领奖的时候穿的一件衣服，但是被男朋友洗了，所以打了男朋友一个耳光，观众看到后便进行指责，最后年仅22岁的木村花实在不能忍受网络暴力,便将猫托付给了朋友,选择自杀(图 5-5)。

《双层公寓》停止了拍摄,并在日本全国引起了关于网络暴力的讨论。尽管这个扇耳光是真人秀节目组安排的情节,是制片人为了激起观众的情绪和兴趣所做的安排,但制片人在出事后却并没有站出来替她说话或担责。木村花去世前几个小时在推特上表示自己每天收到几百个直截了当的恶意留言,"不能否认自己受到了伤害"。

日本政府一直在平衡网络侮辱和言论自由的关系,在此案后,日本便重新开始了对网络欺凌治理的努力。总务省起草了一个法案,意在使政府有权让社交媒体运营商公布诋毁帖子发布者的姓名和电话号码,希望以这样的方式制止相关行为。但是这个草案最终难以施行,因为存在和保护言论自由等问题的博弈。

根据佛罗里达州大西洋大学犯罪学教授辛杜贾的研究,法律并不能遏制网络欺凌,更为重要的是社区、学校等社会机构在共情教育上的努力,也就是法律是最后一站,前期的教育引导更有作用。

这个时代对明星、名人隐私的侵犯猖獗到前所未有的程度。尤其对于明星,他们的一举一动都在镜头之下。他们在网络时代承受了大量的网络暴力,自己也没有隐私可言。比如,美国前总统肯尼迪的妻子凯瑟琳被"狗仔"街拍后两次到法院起诉,最后均胜诉,但是"狗仔"还在继续偷拍,因为凭这些照片获得的商业

图 5-5
木村花,再见

利益比赔偿的钱更多。很多明星可能是不堪网络暴力后患抑郁症而自杀的。

美国的一项独立民调显示，每10个网民中就有4个，也就是近一半的网民受到过网络暴力，比例很高。中国社会科学院发布的一个社会蓝皮书显示，青少年遭受网络暴力的比例达到28.89%，其中60%受到暴力以后选择沉默忍受。大多数网络暴力都是通过微博或微信营销号等产生，这些平台实行匿名制，给施暴者提供了"绝佳的条件"，因为匿名，他们是安全的，但对受害人造成的伤害却是很大的。

在全媒体时代，每个人自由表达时，就需要考虑后果。

我国近期有几个很典型的案例。

2018年8月20日，四川德阳某医院的女医生安某与丈夫在游泳池和一个小男孩发生冲突，被网络曝光之后又被人肉搜索。次日，涉事一方男孩的家长找到医院大吵大闹，要求将其开除，还将相关视频剪辑后放到网上，后来被媒体冠以"疑妻子被撞，男子竟在游泳池按着小孩儿打"的题目大量转载。二人的姓名、工作电话、家庭合影等个人信息都被公布到网上，被网友谩骂。后来这名女医生安某不堪网暴而自杀。法院判实施网暴者时间不等的有期徒刑。

还有一个案例。一位教师在网络上发表对网络小说《魔道祖师》的不满言论，被小说的粉丝人肉骚扰，随后自杀。教师被抢救过来以后，粉丝们还不依不饶，声称要找到医院去和其当面对质，因此被第二次人肉搜索。最后老师发现，攻击自己的人就是自己的学生，他们跟踪自己回家，拍照并且记录地址公布在网上。

2008年12月28日，北京市朝阳区法院对被称为中国人肉搜索第一案作出判决。北京一位女白领在网络上披露丈夫王某有外遇，然后自杀，王某的个人信息被披露到网上。三个涉事平台网站（大旗网、天涯网、北飞的候鸟）被王某的朋友起诉，法院审理后认为，女白领的自杀和王某之间没有直接因果关系，最后判决三个涉事平台网站应该对王某进行赔偿。

根据韩国 2016 年的统计，每 10 名青少年中就有 2 名曾受到网络暴力的侵害，其中也有自杀的情况。韩国放送通信委员会和韩国互联网振兴院发布的 2015 年网络暴力实态调查报告书中称，中小学生中有两成在一年的时间里受到过网络暴力，比一年以前下降了 1.8%，但是值得注意的是，实施过网络暴力的学生约为 17.5%，同比上升了 3.5%。

从网络暴力的形式上看，语言暴力的比例最大，约占 15.8%，其次是故意排挤、损坏名誉、频繁骚扰等。受害者仅知道网名而不了解真实身份的占 48.9%。而加害者是日常生活中认识的人的情况占 47.1%。

在网络上可以看到对这一问题的统计分析：从加害理由看，43.9%的人表示是因为对方先对自己进行了网络暴力因此有必要报复，34%的人是因为讨厌对方，22.8% 的人是因为觉得有意思，16.5% 的人是因认为对方说错话或者与自己的想法不一样，没有理由的则有 14.6%，跟风的有 6.3%。由此可以看出，青少年网络暴力基本没有什么理性。

青少年对网络暴力的反应有以下几种：大部分受害者想要进行报复，很多受害者出现了抑郁、不想上学、害怕与人交往等情况，也有学生注意保护自己的权益，比如改变自己的网络 ID、邮箱、删帖等，少数学生通过网站客服举报要求删帖或者报警。

再看看我国网络暴力侵害的情况。

网上有统计，从暴力形式上，网络语言暴力占了 28%，其中嘲笑、讽刺、辱骂或带有其他侮辱性词汇的占了 74%，其中侮辱性词汇占了 77%，恶意照片、动图占了 53%，语言、文字恐吓占 45%。暴力行为的来源中社交软件占了 68%，其中网络社区占 55.3%，短视频和新闻留言各占 30%。从被害者的角度，与父母同居的青少年遭受暴力的比例达到 28%，比没有和监护人同居的相比低 12%。从被害者反应的角度，60% 的人选择忽略，49% 的人选择投诉举报，6.23% 的人选择报警。11% 的青少年表示自己受过网络骚扰、暗示及陌生人约见。

2020 年 8 月，尤其是香港暴乱期间，很多警察及其家人的信息也被人肉搜索。

香港特区网络安全及科技罪案调查科警司莫俊杰表示，"从 6 月开始，有同事和警察家属个人资料于网上被非法披露，包括警员姓名、身份证号码、出生日期、电话、住址、照片，以及警察子女的照片、就读学校、班级等资料都被披露，一共有 1614 名警员及家属个人资料被起底"，有暴徒声称"不再叫骂，直接杀警；不再堵路，直接杀警；不再围警署，直接杀全家"；等等。这些行为已经是鼓动犯罪了。

莫俊杰表示，最令人担忧的是，这些在网络上的暴力言语已经进入现实中。莫俊杰举例，有人到警察宿舍搞破坏，喷上"祸必及妻儿"等恐吓字眼；更有人朝警察的房屋投掷砖头，连小朋友的房间也遭到破坏。此外，数月来还有人通过网上煽动其他人犯法，包括鼓励用丫叉射弹珠破坏警署、分享有关制作汽油弹的图片等。他形容，有些网上讨论是"非常暴力"的，甚至教人用什么类型的刀杀害警员；还会鼓励人去"暗杀""整死"警员家人。

美国社会学家尼古拉斯·米尔斯表示，我们建立了一种"耻辱文化"，利用半真半假、甚至全部的假材料来让他人感到耻辱，网民则幸灾乐祸，而网站从流量中获利。这就是网络暴力的社会现状，对一个人的恶意攻击与侵害已经超出了人能承受的范围，尤其是在文字加上图片与视频的情况下。

我也遇到过类似的情况，有一次在一个研讨会上我发言认为应该征收某项税,这件事被传了出去,此后一段时间,家中只要接到电话就是骂人,甚至威胁家人。我当时是系主任,为了工作需要来电话还必须得接,因为那时没有手机,系里有事情只能通过这部电话联系。最后,我在燕园派出所报警,最终才解决了问题。

米尔斯认为,人们之所以会对非理性的人肉搜索感兴趣,是因为可以享受到类似于联邦调查局身份、媒体身份的正义感。但事实上,人们看到的照片或者视频往往是表面的情况,不了解实情,比如电影《搜索》中的情节。

现实中也有截然不同的例子。余秀华是一位脑瘫诗人,可以说是一位残疾人,但她语言文字的能力是超常的,她为李健写了一首诗,但是被李健的粉丝攻击。余秀华没有选择忍让,而是积极维护自己权利,在网上论战。攻击她的人说"诗人怎么能用脏话"后,她反而将脏话运用到了极致,没有人能骂得过她。最后余秀华与侮辱者长谈,后者选择了道歉,表示"痛改前非"。构成诽谤罪可以向法院起诉,但是法律解决很难,余秀华的做法是另外一种选项。

网络暴力的后果已经很明显了,这不仅是个人的问题,也是社会问题。如果问题不解决,后果就会落到每一个人的头上。我们不应该选择沉默或忍受,而是应该使用法律武器,或者像余秀华那样反击。国家法律应该得到进一步的完善,对网络暴力进行更多的惩处,网站也应该承担相应的责任。

第六讲
漫画与法律

GRAPHIC AND LAW

2020年10月30日,外交部发言人赵立坚在推特上发了一张乌合麒麟的CG漫画《和平之师》(图6-1)。隔了两小时,澳大利亚总理莫里森发表讲话,说这个画是对他们的侮辱,要求中国政府道歉。

澳大利亚总理说,这是令人反感的、伪造的照片,他们的士兵感到被深深冒犯,令他们的国际形象受损。中国政府外交部发言人华春莹第二天就回应了,她说绘制的图画同伪造的照片显然是不同概念,澳大利亚无非是想借这个话题来转移视线、回避矛

图 6-1
《和平之师》
乌合麒麟

图 6-2
《致莫里森》
乌合麒麟

盾、转移压力,企图把国际舆论从对澳大利亚残杀无辜平民的批评和谴责转到对华的强势态度。

随后乌合麒麟昨天(2020 年 12 月 1 日)晚上 9 点又发了一张,画的名字叫《致莫里森》(图 6-2)。

这件事情后,漫画家就开挂了,有人把格尔尼卡画上,也有人把莫里森当作漫画形象开始创作。莫里森今天(2020 年 12 月 2 日)的态度发生了变化,说希望不要再扩大影响,自己只是简单地想要维护国家利益,同时希望保持跟中国的合作关系,澳大利亚目前工作的重点是建立同中国新的对话关系,解决两国之间的问题。

漫画家如果只是画文艺漫画、动漫,只有很小的圈子会关注，政治家们、社会学家们以及其他领域的学者们，没有这类爱好就不会关注。但是这次的政治漫画一下子就引起国际上的强烈反应。今年法国有媒体发声说，法律是保护漫画家的，是维护表达自由的，但是法媒看到乌合麒麟这张漫画之后，却采取了双重标准。我们也要问一下法媒：怎么我们画个政治讽刺漫画就不行了？澳大利亚士兵在阿富汗的行径要是做得不对，谁都能说不对，滥杀无辜是反人类的，反对杀害平民，没有国界的限制。从这个情况大家可以看到，因为这个漫画事件，CG 漫画可能在将来会越来越多地作为国际政治表达方式。我想问一个问题，如果这次中国的漫画家用的是很简单的线条，没有用 CG 那么逼真地画一幅漫画，会不会引起这么大的关注呢？我相信不会。为什么？请大家思考一下。

乌合麒麟这张画 2020 年 11 月 29 日就发布了，11 月 30 日被转发，确实有外交部发言人赵立坚转发扩大影响力的因素存在，但这个图确实和一般的图片不一样，澳大利亚总理一开始以为这是一张"伪造的照片"，没想到电脑绘制图像会这么逼真。过去漫画家仅凭手绘不能画得这么逼真。

还有一件由漫画引起的国际事件，甚至已经引发了国与国之间的法律诉讼。土耳其总统埃尔多安最近因为法国的漫画讽刺他而非常愤怒，于是土耳其的检察官在法院起诉了法国的漫画家。网上这幅漫画已经被删除了。

德国和俄罗斯的报道都说《查理周刊》的封面上的漫画丑化了埃尔多安。

大家知道埃尔多安是穆斯林，而且是非常虔诚的穆斯林。他在年轻的时候，曾经在公开场合朗诵一个比较极端的穆斯林的诗，被判刑 4 个月，而且还不许他 5 年内从政。

埃尔多安在国际上的影响力是比较特殊的，这和土耳其横跨欧亚大陆的地理位置有关。《查理周刊》登了这幅漫画以后，土耳其的副总统奥克塔伊就发布推文炮轰《查理周刊》，他说，"你们不能躲在言论自由的背后欺骗他人"。他谴责在不道德的刊物上发表来自法国的、关于土耳其总统的不可原谅的戏弄言论。

除奥克塔伊外，土耳其政府的新闻办公室主任也对媒体表态，他说，法国总统马克龙反穆斯林的议程正在取得成果，《查理周刊》刚刚刊登了一系列所谓的漫画，其中充斥着据称是土耳其总统卑劣的形象，他们谴责这份刊物散布的文化种族主义和仇恨，这是最令人作呕的行为。

另外，埃尔多安还对法国《查理周刊》提起刑事诉讼。公开侮辱总统是会受土耳其刑法惩罚的，叫作公开侮辱总统罪，根据这个条文就可以在土耳其起诉《查理周刊》。

埃尔多安还说："法国此前就有关于讽刺穆罕默德丑陋和不道德的漫画，这一杂志现在又在封面上刊登讽刺我本人的漫画。我没有看到这一漫画，因为我看到这些杂志刊登不道德的内容，对我来说是很残酷的。关于这些侮辱我先知的人，我无须多言。"他非常气愤，他还说："我的悲哀和愤怒不是因为对我个人的可恶的攻击，而是媒体对我们的先知穆罕默德无礼的攻击，我们清楚他们攻击的目标不是我个人，而是我们捍卫的价值观。"

土耳其总统府的通讯联络署署长阿尔通也说："法国总统马克龙反穆斯林计划进展颇大，《查理周刊》刚刚刊发的这一系列的形象，都是与一切有人性的正派行为背道而驰的。显然这是法国政府在其反对穆斯林和充满偏执的文化环境下的产物。"

2020年10月16日在法国巴黎，一个叫萨米埃尔·帕蒂的历史教师在巴黎郊区当街被斩首。斩首他的人是个车臣的穆斯林青年。因为这个教师在中学的课堂上展示前几年《查理周刊》的一幅封面漫画，是侮辱穆罕默德的。这个穆斯林青年就非常愤怒，学生家长也说怎么能在学校给学生看这样的封面。其中在场的也有穆斯林学生，穆斯林学生也跟老师说这样做是不合适的。但是这位老师有自己的价值观，他强调言论自由，他有表达的自由。

法国总统把斩首事件定性为恐怖袭击，并且强调将采取行动。这个袭击者当天已经被警察击毙了。法国警方又逮捕了与此案有关的11个人。袭击者的家人、当时在课堂上的一个学生、批评这个老师的家长都被警察逮捕了。袭击者是个18岁的车臣的穆斯林青年，他生于莫斯科，2020年3月才获得难民身份，在法国有10年的居留权。他同父异母的妹妹在2014年加入了叙利亚极端组织"伊斯兰国"。法国警方说："袭击者当天下午去了学校，让一个学生指认这个老师是谁，然后当这个帕蒂老师放学步行回家的时候，他带了一把刀和一个能发射塑料子弹的气枪尾随其后，用刀把老师多处扎伤后将其斩首。"

法国帕蒂老师在课堂上建议穆斯林学生，如果觉得自己被冒犯了，就不要看了，你可以把眼光移开。但这并不能缓解穆斯林的愤怒。有一个学生的父亲反应非常激烈。这个父亲组织人去学校抗议，他在事后也被警察抓了。

就在发生袭击这几天，马克龙政府正致力于推动解决穆斯林激进分子的一个法案，这个法案在《经济学人》上也有报道。马克龙前几天正在讨论这个问题。当帕蒂老师被害之后，马克龙到袭击现场发表讲话，他说"凶手企图袭击共和国的价值观，这是我们的战斗，是关乎生死存亡的战斗，恐怖分子不会得逞，他们不会分裂我们"。

一些温和派的法国穆斯林对此事也持批评态度，温和派说这样不好，这是以信仰的名义对我们的同胞进行令人震惊的暗杀，造成了无法弥补的后果。

欧盟的各个领导人都发表了一些讲话。因为中东有很多战事，很多穆斯林移民到欧洲。他们通过地中海，从希腊、意大利过去，再去往法国、德国以及更北部的国家。这些国家曾经是很开放的，法国也非常开放，认为他们很不幸。但是由于这种事件发生，这些国家的移民政策可能就会有改变，甚至把一些已经进入境内的穆斯林移民驱逐出去。但是驱逐之后，这些人无家可归，因为原来的国家已经满目疮痍了。大家可以看一下叙利亚的一些城市，那些城市因为战争根本没有一个好房子，供水供电都没有，医疗短缺，粮食供应也已经断了，人们回到那里根本就没有办法生活。

因为袭击者生于俄罗斯，俄罗斯驻法国大使馆发言人谢尔盖很快出来表态说"这个事件和俄罗斯没有关系，我们也不接受恐怖主义的意识形态"。

实际上早在2015年，土耳其法院就已经禁止在网站上刊登那一期封面上为侮辱穆罕默德漫画的《查理周刊》。这幅漫画在土耳其基本是违禁的，但是因为土耳其对国际网站是开放的，所以在国际网站上还可以看到。土耳其《共和国报》以及所有的报纸都拒绝转载这一期的内容，土耳其的大学也警告说：新的漫画只会激起仇恨，在伊斯兰极端主义分子中也产生了不满情绪。这是一场《查理周刊》引发的血案，但是《查理周刊》接着又在另外一期刊载了类似题材的漫画。

2015年，《查理周刊》的编辑刊登了一张侮辱穆罕默德的漫画。于是有几个极端主义分子，他们开着车到了编辑部的楼下，带着枪上楼，造成12人死亡。后来这些凶手都被逮捕了，也都被判了刑。当时这个事件在法国引起巨大的社会震荡，很多人到《查理周刊》办公地门前去点蜡烛，还做了很大幅的照片。图6-3是其中一个画家的眼睛的照片。

图 6-3

在《查理周刊》血案一周年的时候,各国的领导人都去表示支持,比如默克尔、内塔尼亚胡、奥朗德等人站成一排走在最前面。甚至穆斯林的温和派也参与游行,他们也不认为杀害漫画家的做法是对的。

那么现在我们考虑一下,一张漫画引起了这样的事件,在土耳其发生了法律诉讼,那么下面 A、B、C、D 选项哪一个或两个是引起诉讼最关键的因素呢? A. 是国际政治的冲突。B. 是不同宗教教义的冲突。C. 是价值观的冲突。因为双方都要用自己的价值观来表达自己想表达的思想,你要是不接受可以转过脸不去看,但是我有权利自由地说出来。D. 是文化冲突。"文化冲突"这个概念是在 1994 年由哈佛大学教授亨廷顿在《美国外交杂志》上刊载的论文中提出来的,当时没有大的反响。但是到 2001 年"9·11"事件的时候，大家重新想起来这篇文章，然后就开始大量地回忆。现在这个事件又让大家想到这是不是文化冲突呢？在一个国家内，在一个社会内，在一个学校内，有不同的文化，就可能引起冲突。

几乎所有同学都选了 D。我个人不太偏向这个选项。我最倾向的是价值观的冲突，也就是说，"言论自由"是一种价值观，"言论自由"不一定是一种文化。在儒家文化系统中，"文化"包括"价值观"，所以各位选"文化冲突"也是对的。

在美国小孩可以直接叫爸爸和爷爷的名字，但在英国、法国、德国等几乎所有的欧洲国家都不这样叫长辈的名字。这是文化，不是价值观。在美国学生可以叫老师的名字。在英国、法国、德国很难可以这样，在日本就更不可能，必须叫先生，不管男的女的老师都叫先生（せんせい）这个尊称，学日语的时候必须记住这一点。而且日本老师叫学生也很客气，他叫某某"桑"（さん），是某某"君"的意思。我在美国进修的时候，老师在课堂上叫学生也是说某某先生和女士，很客气，也不会直接叫学生的名字，但有的时候他会非常亲切地叫你后面名字里的两个字，比如叫我，ZHIPAN（"志攀"）。他听不懂汉字的语调，但是他会这样叫，这是一种文化，而不是价值观。

我们再换一个问题，图 6-4 是德国《明镜周刊》某一期的封面，下面的文字是 America First（美国优先），

第六讲 漫画与法律 111

这个人一手拿着美国自由女神的头，一手拿着尖刀，然后这个人没有鼻子，没有眼睛，但大家都知道画的是特朗普。这种情况，当事人看见了之后会向美国法院起诉吗？因为漫画家侮辱我，而我是拥护和维护自由的。

　　文化在这个方面就服从于价值观。"言论自由"是一种价值观，虽然关于这个封面漫画没有法律诉讼，但是引起大量政界人士的反对，漫画中把特朗普总统比作一个"恐怖分子"，因为他拿着一把刀将自由女神斩首，这是一个特殊的符号，让人想起《查理周刊》讽刺的方式。所以这种封面很多人都不接受。虽然这个政治人物自己不起诉，但是很多人看了以后都会反感，包括不少德国人看了也都反感。

　　《明镜周刊》还有很多类似这样的封面。例如，图6-5是"棱镜门"的主角斯诺登，最近获得了俄罗斯国

图6-4
《明镜周刊》封面

图6-5
《明镜周刊》封面

籍，他的妻子也获得了俄罗斯国籍。后面是奥巴马。还有封面图片把默克尔变成了德国女皇。

那么他们为什么不起诉？起诉的关键因素是文化。

设计这幅画（图6-4）讽刺美国总统的插画家叫罗德里格斯，他是个古巴人，1980年以政治难民身份来到美国，然后通过新闻门户网站，给《明镜周刊》投稿。这幅画是他画的，他本人就在美国。他创作了很多以特朗普为素材的批评漫画，但是罗德里格斯在《华盛顿邮报》解释说，他这个构思是想表达特朗普把民主斩首了，因为自由女神是代表美国接纳移民这个历史传统的象征。这幅漫画就很清楚地表明特朗普把这个政策取消了。

《明镜周刊》总编布林克鲍默在社论中解释说，特朗普"试图在最高层发动政变"，"试图建立一个不自由的民主"。罗德里格斯还画了很多漫画，这一幅争议最大。所以这个封面在推特以及德国媒体上引起争论，被德国媒体批评。德国《图片报》报道了这个话题，它说"人们可以拿特朗普与IS屠夫'圣战者约翰'作比较吗？""圣战者约翰"是出现在IS斩首人质视频中的众所周知的冷血的屠夫，你拿他跟特朗普比较合适吗？德国自由民主党政治家、欧洲议会副主席拉姆多夫说"这幅作品没有品位"，并且他回答《图片报》提出的问题时说，"这是一种令人厌恶的方式，拿恐怖主义的受害者作乐，它反映出来的更多的是《明镜周刊》的问题，而不是特朗普的问题"。

德国其他媒体同行也对《明镜周刊》这个封面提出异议：《明镜周刊》所歪曲的特朗普形象，正好用来歪曲媒体的形象，也就是媒体把自己歪曲了。把特朗普跟恐怖分子作比较、画等号，伤害的是新闻工作者，而不是美国总统。他们认为主流媒体的报道是有偏见的。许多人都在推广自己的世界观，而不是作为中立的目击者。媒体应该是中立的，不应该把自己的想法去作为客观表达。

还有更多的反对意见:《明镜周刊》以前一直就是反美、反小布什总统政府,其主要目标是反对美国的干涉主义。但到了特朗普时期,这个杂志不再对美国的干涉主义进行批评,所以他们认为是不能这样讽刺的,这样讽刺已经不是媒体而是个人意见了。

但也有积极的态度。美国有个电影翻译成中文叫《超码的我》,这部电影的导演说"如果你们不知道世界怎么看待我们新总统的话,你们就可以从这儿(指这张漫画)看"。

德国之声认为,不管怎么样,都应该对这个事件表态。不过对于德国总理默克尔来说,她没有表态。到现在为止,这场讨论变成了漫画好与坏的品位问题。默克尔和美国总统对这件事都没有说话,反而媒体自己在不停地发表不同意见。这个情况是和土耳其的情况完全不一样的。

美国有个叫《每日新闻》的杂志,也画过这样的漫画。比如图6-6,这也是自由女神,特朗普也把她的头砍下来,但他拿的倒不是那样的尖刀,而是一把大砍刀,但这幅画就没有引起那么大的争论。特朗普和自由女神的组合的画面不是第一次出现,早在 2015 年 12 月就出现了。

自由女神是美国的象征。那么请大家思考一个问题,图 6-4 与图 6-6 都是自由女神被斩首,德国《明镜周刊》就饱受批评,而几乎没有人批评美国的《每日新闻》。

漫画作封面这个问题先告一段落。

漫画在法律上有非常深的渊源。我们

图 6-6

知道，前不久（2020年8月20日）美国的前政治顾问班农，因为将修墨西哥墙的捐款用于个人消费，最后被检控到法院。他从法院被保释出来的时候，记者都在外面，等他一出来记者就可以在法庭外面拍摄。法庭里面不允许拍摄，但允许画家进入现场作画，所以媒体就请画家去。画家就带着笔、纸去了，然后画了他在法庭上的状态：他在法庭上戴着手铐，还为防疫戴了口罩。

法庭是个特定的环境，在1977年之后，美国法庭是允许拍照的，一般情况下记者可以拍照。但是有一个特例，如果当事人自己向法官提出申请不要拍照，法官同意的话，法庭不可以拍照，媒体只能请画家进入绘画。有些人是名人，名人不希望自己在法庭上的形象被曝光，即使媒体已经登了名字，但还是不希望被拍照。

1991年美国罗德尼·金案庭审时，媒体请画家进去旁听，并画出来配发新闻报道。所以画家在法庭现场作画就作为一个特例被保留下来。这种情况下，要求画家作画时间非常短，在三五分钟内就要画完，然后稿子就被拿出去，报社要制版、印刷。当天上午休庭的话，下午报纸可能就出来了。在这么紧张的时间内所有的工作都得做完，然后报纸就上街发售了。照相是很快的，但绘画必须是手画的，用纸和笔。所以法庭画家的工作也是一种特殊的工作。2006年，美国洛杉矶出版过一本画册，这本画册叫《捕捉瞬间，世界名人审判旁观》，作者是美国一个叫莫娜·莎弗尔·爱德华兹的画家，她在法庭画了25年的画。爱德华兹说，她每天几乎24小时备战，汽车后备厢永远做好了准备，纸笔都准备好，电话随时都得开着，一说哪个地方开庭了，就会开车飞奔过去。她有特殊的证件可以进入法庭，然后就开始画，画几分钟传出来记者就拿走了，这是一个非常紧张的工作。

美国还有另外一个女画家叫马里兰·彻奇。她是老画家。1974年，她有个记者朋友正在跟踪一个案子,但是找不到画家。后来她就接受这个任务,她一画就画了 40 年,直到 70 岁。

她第一次画画的时候,没有想到仅用了半天时间这幅画就被登在报刊上了,她非常吃惊,就这样一干就干了许多年。媒体记者会在边上告诉她需要再画点什么,甚至要求她马上修改,因为漫画需要配合记者所写文章的内容。比如杀人案中,受害者的家属可能在法庭上有一些情绪性的东西。法庭漫画也可能是在后期修改的。有时候画家可以看到大概的法庭情况,但有时候坐得比较远,看不清,有一种特殊的眼镜是望远眼镜,可以看清人的面部细节。

爱德华兹有一次在画画的时候,黑手党的头目回过头来看她(图 6-7),她回忆说:当时她感觉非常不好受,因为这个人是杀人不眨眼的黑手党。每次进来都能被保释出去,因为他有钱,能请到非常好的律师找各种理由把他保释出去。

图 6-8 的主人公是美国著名的导演、演员和编剧伍

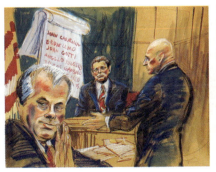

图 6-7
黑手党的头目回过头来看她……

图 6-8

迪·艾伦，画中是他在法庭上因为离婚正和妻子争夺养女的抚养权。

图 6-9 画的是有名的辛普森案，辛普森在法庭上试手套。但是这个场景也允许拍照，所以画画和拍照的形式都有。

在审判辛普森案件的法庭上辛普森本人是可以被拍照的，法庭公布了他庭审时的很多照片。但该案的陪审团成员不允许被拍照，因为这个案件社会敏感度极高，法官需要保护陪审员的安全，允许画家现场绘画。图 6-10 是陪审员在庭审的画面。

图 6-11 是日本东京法庭审判中国留学生江歌被害案的法庭绘画。

在法庭不允许拍照的情况下，媒体只能请画家到现场去画，再配文字报道。这是被澎湃新闻的记者请进去的画家画的在日本东京地方裁判所审判江歌被害案的画面。这个画家还画了一些手稿，图 6-12 是嫌疑人。

图 6-13 是特朗普和第一任妻子伊凡娜离婚时的法庭画像，当时他还不是政治人物，只是个商人。这个画家还是很有本事的，三五分钟就画完了，而且你能看出来画的是谁，非常了不起。

还有中国留学生章莹颖失踪案嫌犯出庭受审漫画（图 6-14），都是在庭审期间法官不允许记者拍照，媒体请画家到庭绘画的。这是被告庭审的场景。

也有用图解方法来解释法庭状态的漫画，图 6-15 是日本法庭的状态。法庭有旁听人、检察官、辩护人、被告、裁判员、裁判官等，两边是液晶屏，坐在正面的是书记官。

而中国的卡通漫画表现的法庭是这个样子的（图 6-16）。过去《北京晚报》等刊物的副刊上都有类似的漫画。

我现在特别介绍一个苏联画家，他画了在纽伦堡法庭审判"二战"

图 6-9 辛普森在法庭上试手套
图 6-10 辛普森案陪审员庭审画面

图 6-11 江歌被害案庭审画面
图 6-12 江歌被害案嫌疑人受审画面

图 6-13 特朗普与伊凡娜离婚庭审画面
图 6-14 章莹颖失踪案嫌犯庭审画面

图 6-15
图 6-16

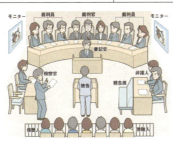

图 6-17 茹科夫画像

图 6-18

图 6-19

战犯的全过程[1]，这个苏联画家叫茹科夫（图 6-17），1908 年出生，1973 年去世。他画技非常高，他最后就想完成一件事情，就是到柏林纽伦堡法庭去画审判战犯的历史过程。他准备得非常充分，当时全苏联选画家，最后就选上了他。他在纽伦堡法庭待了将近一个月，他每天到法庭都带着望远镜、水壶、面包以及纸和笔，他在法庭要画一天。

我们可以看到这幅场景（图 6-18）是战犯在听法官说话，因为是四国的法官在审判，有讲英文的，有讲俄文的，还有讲法文的，法庭有四种语言翻译，所有人都戴了耳机，听某一种语言。

图 6-19 画的是律师跟法官站在一起的景象，法官个子非常大，律师非常小，法官就像一堵墙。他画得非常生动，画得也很快。这些画也都被刊登在报纸上。

这个画家关于"二战"战犯庭审的画最后都被苏联的一家博物馆收

---

[1] 相关俄文资料，感谢北大校办的崔艺苧老师翻译。崔老师是俄国语言文学博士，俄语翻译水平一流。

图 6-20

图 6-21 法庭画家 Jane Roseberg 画的球星 Tom Brady 的法庭速写与真人照片

藏了。

在美国，被告可能是歌星、明星，画家如果画得不好，粉丝们会不高兴。法庭画家 Jane Roseberg 画过球星 Tom Brady，粉丝抗议说画丑了。这张照片（图 6-20）记录了当时她拿着这张画对记者解释她画得并不丑。这是著名的球星，被画家画成这个样子，结果粉丝就不干了。最后画家不得不重画一张，然后将原来的画换下来。

图 6-22 画的是 2004 年美国摇滚女歌星考特妮·拉夫因为吸毒和私闯民宅出庭受审的状态。画中法官是正面的，如果画家是正对着法官坐，那么看到的应该是嫌疑人的后脑勺。所以画家把法官画成正面，把嫌疑人画成侧面，是将两个图叠加在一起，让你感觉是在法庭上的。但真正的法庭上不会有这样角度的座位。所以画画的好处就是可以不受物理空间的限制，而照相就很难，除非后期制作。绘画就可以补救角度的不足。

另外，著名歌星迈克尔·杰克逊出庭受审时，法官也不允许记者拍照，只允许画家画漫画（图 6-23）。

图 6-22 歌星考特妮·拉夫庭审画面

图 6-23 歌星迈克尔·杰克逊庭审画面

图 6-24 是一位澳大利亚画家的画,它获奖了。后来画家一直把这张原画挂在自己家里。画中法庭上是一位妇女被审判,因为她把一个几个月大的孩子忘在车里就走了,等她回来时孩子已经窒息了,所以她被判有罪。她在法庭上一直在哭,画家怎么用画提醒人们她一直在哭呢?她身边画了一个纸巾盒。我认为在法庭上几分钟内能画成这个样子,是有很高超的绘画水平的。

图 6-25 是维基解密的阿桑奇出庭作证时的画面,头发全白了。

美国的军事法庭也不许照相,图 6-26 中的律师在替这个叫西维斯的军人辩护。

图 6-24　　　　　　　　图 6-25

白宫的记者招待会有时候也不让拍照,那么新闻记者就像图 6-27 那样派画家到现场去补救。有些可能是允许拍照,但只是白宫内部留作资料,外面的记者都不许拍照。特朗普总统跟媒体关系不太好,他有时候就说"我不允许媒体拍照"。

美国国会图书馆举办过一次法庭漫画展,画展名叫"绘画中的正义",展出的全是法庭漫画。图 6-28 画面是在展示证据,放很多小电视,每个人都能看到,陪审团也在看。每个人都看得比较清楚。

现在美国法庭允许拍照和录像,有时法庭录像非常感人,例如,图 6-29 是著名的"法官爷爷"(Frank

图 6-26 律师为西维斯辩护
图 6-27 白宫记者招待会

图 6-28
图 6-29 "法官爷爷"(Frank Caprio)

Caprio）的庭审录像。法官把被告的孩子招呼到法官席就坐，孩子的家长在接受审判，是交通罪。

下面换一个话题，漫画是很难被定义的。该怎样来定义它们呢？我们先来看一组漫画。

①是中国漫画家方成画的《相马》。这幅漫画画的是两个人在相马，一个写着伯乐，另一个写着副伯乐。②是铁臂阿童木。③比利时的埃尔热画的《丁丁历险记》。④是法国漫画家桑贝画的"小淘气尼古拉"。⑤是莫比斯的漫画。⑥是美国《纽约客》的封面漫画，"奥巴马'喂药'"。⑦是鸟山明画的《阿拉蕾》。⑧是英国一个很有名的漫画杂志叫《笨拙》（Punch）的封面。我们可以看出这些都是漫画，但是它们的风格是完全不一样的。有政治漫画、儿童漫画、科幻漫画、讽刺漫画，

像这幅铁臂阿童木是个故事,它没有讽刺,它就想表达一个想象故事。

我们再看一些现代漫画,风格也不一样。①是丰子恺的漫画;②是宫崎骏电影的代表作《千与千寻》;③是丁聪的漫画;④是日本井上雄彦的《灌篮高手》;⑤是几米的《向左走向右走》;⑥是日本动画《机动战士高达》的造型;⑦是华君武的漫画《曹雪芹提抗议》,画中曹雪芹对着一个老学究抗议道:"你研究我有几根白头发干什么?"是讽刺红学家研究走偏了,开始研究曹雪芹的白头发了;⑧是现代漫画家林帝浣画的漫画;⑨是中央财经大学的老师"老树"(刘树勇)画的漫画;⑩是中国台湾地区的漫画家朱德庸画的,是儿童漫画,是充满爱心的。他还画过《涩女郎》《大家都有病》等漫画。《灌篮高手》和《向左走向右走》都没有讽刺,而是讲了一个很好的故事。

所以怎么定义漫画，是必须讽刺吗？

再来看下面这组漫画。①是安倍夜郎画的《深夜食堂》；②是日本的女漫画家高木直子画的；③是华君武画的《猪八戒半裸看球赛》，讽刺一些观众不文雅；④是广东的一个著名漫画家廖冰兄画的，他画十二生肖很有名，这幅画上面写着"四凶覆灭后，写此自嘲，并嘲与我相类者"；⑤是日本漫画家谷口治郎画的《孤独的美食家》，属于日本美食系列的漫画。我们看到这些漫画，有些没有讽刺，有些有讽刺，还有一些是自己的体悟和感悟，还有些是自嘲。

这些都是漫画。看了这么多漫画，我们要怎么定义漫画呢？我们能够定义法律，但我们定义漫画是很难的，丰子恺先生的定义是简单快速幽默的绘画就是漫画。漫画还可以定义为：漫画不是严肃的，是散漫的，是有趣的，不复杂的，是笔法简单的一类画。漫画的这个"漫"字，就是很简单，很随意，几笔就可以画完了。

图 6-30
图 6-31

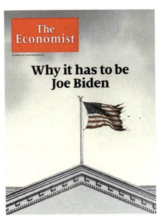

在我国宋代,"漫画"是指一种水鸟。宋代文献传到日本之后,日本又将"漫画"用于简单而滑稽的画上。丰子恺先生又将"漫画"带回到国内,用于幽默画。

丰子恺定义的漫画,我们是否接受呢?我们可能看到很多被称为"漫画"的东西,实际上,有些漫画画起来也不容易,几米画的《向左走向右走》,你们可以看到它的布景,房间里摆设的东西、挂表等,男士和女士的摆设隔着一道墙却完全不一样,画起来很复杂,上颜色也很复杂。所以像这种漫画就突破了丰子恺的定义。但是丰子恺还说,只要不是无聊的笔墨游戏,含一点人生的意味,都存在价值,这就是他认定的漫画的价值。这句话非常重要,这才是漫画的真正内涵。

我们再回到政治漫画,图 6-30 中自由女神对特朗普说:"你被解雇了。"

英国的《经济学人》封面漫画(图 6-31)配文字:

图 6-32

"为什么必须是拜登",而且图像表现出很激烈的对抗,旗子都被打飞了。

有一幅美国人的画,是权力跟法律的角斗。当时特朗普提出一个禁穆令并签署了总统令,但是被法院驳回了。这显然是法律和权力在斗争。那怎么来表达?法律是用小槌来表达,叫法槌。特朗普拿了个大槌子,相比小槌子更大,那么你就明白权跟法比谁大了,这就是漫画的表达。

我们再看漫画怎么表达政府"人浮于事"的现象。图 6-32 是一幅法国的漫画,一辆车违章了,司机站在那里,来了七位警察:有看前面的,有看后面的,也有登记的,还有两个在说话,一个在看驾照。这幅漫画要表达什么一看就明白了。

那中国人的漫画怎么表达权力与法律的角力的呢?中国漫画家丁聪的这幅漫画(图 6-33)很有名,画中是一个土皇帝,说:"管什么法大?权大?

图 6-33

图 6-34

反正由我说了算。"他脱了鞋坐在"法律"上，一只手拿着绳子，另一只手还拿着图章，别人还在跟他说好话，坐着的人满脸横肉，一看就不像好人。

我们再看中国人怎么用漫画表达"人浮于事"。图 6-34 中 6 个和尚抬水吃，5 个和尚在抬水，1 个和尚在指挥，说你们怎么抬啊？我来指挥你们应该怎么抬。这是中国著名漫画家方成先生画的。法国和中国这两个国家是完全不同的文化，表达"人浮于事"的时候是不同的。虽然我国这张漫画没有表现公务员，但是我们也可以联想到有的公务员"人浮于事"的现象。

法国画家杜米埃 23 岁的时候，作画讽刺路易·菲利普。图 6-35 这张讽刺漫画叫《高康大》，这个人物源自拉伯雷的小说《巨人传》。他画了个坐着的人，这个人长得非常像国王。画中这个人的舌头非常长，像梯子一样，然后人们就背着东西送到他的嘴里。

杜米埃，是非常有名的法国画家，他作石版画，

图 6-35
《高康大》
[法] 杜米埃

作油画，也作漫画。这幅画惹怒了法国国王，把他判了刑，将他送进监狱。他不光讽刺国王贵族，还讽刺律师、法官。而且在美国、英国、法国等国家的漫画家笔下的律师都是被讽刺的，没有一个说律师好话的。这是为什么？

我做了四个选项。A. 律师收费太高了。B. 律师帮坏蛋逃脱法律制裁惹民愤。C. 花钱请律师，最后还是输了官司，然后拿律师出气。D. 律师没有原则，谁给钱就为谁服务。

但我们在法律上不这样说，我们在法律上说甲和乙两人打官司到法院，现在由法官来判断谁对谁错，怎么有助于法官来辨别这件事情呢？所以就会让两方的律师说出证明自己有道理的话，法官会从中来判断，这种方式会让这个判断变得更客观。但是这不是中国人的观点。

中国古代主要是行政官员来办案，当事人请师爷代写诉状，在公堂上行政官员直接问当事人，没有律师来辩护就基本有判断了。但是西方审判是一个双方辩论的过程，是一个权衡的过程。在杜米埃画笔下，律师的形象都是很滑稽的，图 6-36 中虽然没有文字，就画了三个律师，但通过三个律师的样子就看出来他对律师是不太感冒的。

接下来是杜米埃笔下的议会的议员，大腹便便，长相都不是太好（图 6-37）。

在图 6-38 这幅漫画中，亨利是刽子手，他在行刑的时候，他太太说，"等一下亨利，不要用那个好篮子"，因为篮子要接着砍下来的头，太太要换一个旧篮子，而且她拎着一个篮子跑上来了。这很讽刺，脑袋掉了是天大的事，她还在乎篮子的新旧，显然这是大事和小事的反差，放在一起就变得非常幽默。

图 6-39 也是美国《纽约客》的漫画《最后一条推特？》。人要被执行死刑了，执行前允许他再看一条推特，说明这个人离不开手机，也就

图 6-36
图 6-37

"Wait, Henry — don't use the good basket!"

图 6-38

图 6-39

图 6-40

图 6-41

是说看完这条推特,就开枪了。过去有这样的话,"最后再给你抽一支烟"。最后一支烟,你抽完了我就开枪了。看完最后一条推特,看完就开枪。这也是很讽刺的。

图 6-40 是中国漫画家王原画的,中间是个法官,他在一个人的衣服上写了一个"民",在另一个人的衣服上写了一个"官",官是很强势的,民是很弱势的,但是法官判民赢了。

图 6-41 是讽刺机场警察安检的。这个人的衣服上分别写着"freedom"(自由)、"dignity"(高尚)、"independence"(独立)、"autonomy"(自治)。过机场安检门时,警察发现这些衣服上都写着字,就没收了他的衣服,并对他说:"好了,这些衣服没收了……"这幅漫画是什么意思呢?这幅漫画是通过讽刺机场警察安检来表达"个人自由"被剥夺。

图 6-42
图 6-43

图 6-42 也是美国很有名的漫画,也在机场贴过,漫画下有一句话"这有些羞耻,爱丽丝,但这样可以万无一失,你不得不承认",所以漫画中的人为了顺利登机干脆就不穿衣服了。

图 6-43 的幽默点呢?画的也是一个安检的地方,这个老人拿着助行器在走。排在老人身后的一个人在说:"可怜的老人。"另一个人说:"他刚排队的时候才 40 岁。"这张漫画是说排队时间太长了。

因为这幅漫画太有名了,一度就贴在安检旁边的墙上。很多等待安检的人就看,看完他们就笑。因此,他们等候时间长一点也不烦了,要不他们总是抱怨太慢了。看了这幅漫画以后,他们反而还感觉自己很幸运,没达到漫画中的地步,所以就一笑了之了。所以有些管理机构对于讽刺的态度:尽管你是讽刺我的,但是我也可以贴出来,当作我的宣传片来用,帮助大家缓解压力,所以我一点也不生气。

"I've got a little job for you, Kretchmer. I want you to infiltrate the I.R.S. and sow the seeds of compassion."

图 6-44

图 6-44 也是,这个人说:"我给你找个小差事,克里特莫,我想让你潜入税务局,在那里种植一些同情心的种子。"这是讽刺税务局的漫画。

在中国也有一个很有名的案例,后来被改编成说唱、戏剧等。剧名叫《刘巧儿》,是根据一个真实的故事改编的,是马锡五专员去调解的。当时有个老汉,他有个女儿叫巧儿。巧儿跟一个男青年自由恋爱,但是巧儿的父亲非常贪财,把她许给一个有钱的财主,还收了人家的彩礼。然后巧儿不想跟这个老财主结婚,就想跟自由恋爱的穷青年结婚。但是老汉不同意,因为在旧社会,婚姻不能违背父母的意志。

所以巧儿就跟青年人商量出一个主意,她对青年人说,你带上你的几个穷兄弟,半夜弄一套马车来,来一出"土匪抢亲",把我抢走,然后我们就成婚,成婚以后那财主就不会找我了。结果男青年就带了几个穷兄弟借了辆马车,半夜跑到他们家来把门打坏,把她从床上

图 6-45
《马锡五调解婚姻
纠纷案》古元

抓起来,弄到马车上拉跑了。但是老汉以为真是土匪来了,就到政府去告状。政府就把这个男青年给抓了,说这是解放区,怎么还像土匪一样地抢亲呢?然后就处罚了这个男青年。事后,巧儿走了三天的路,走到区里找到马专员。大家都说马专员是非常公平的。她和马专员说,那男青年不是坏人,他是和我商量好要这么办的。马专员听了这件事以后,就到了这个村里,把全村的人召集在一起,让他们各方说出自己的道理。巧儿、她爸爸、男青年各自说了理由。马专员都听完了以后,就问老乡们是什么看法,老乡们就像"陪审团"一样,都说了自己的意见,最后都支持自由恋爱。所以男青年虽然有错误,办事很粗暴,但是人家还是有爱情的,而巧儿和财主没有爱情。最后,刘老汉就把彩礼退了。

《刘巧儿》后来被拍成了各种的戏剧、影视作品。这样一来,《刘巧儿》就非常有名了,据此而制作的这张版画(图 6-45)也是非常有名的,它是中国一个叫古

图 6-46

图 6-47 《第一幅画》 [美] 罗克维尔

元的版画家的作品。版画家先在木板上刻，再印出来。

关于其他国家的一些法律的情况，我们再看一幅漫画。图 6-46 是法国的漫画：两辆车撞在一起了，然后两个司机下来吵，除有人过来旁观之外，鱼也都游过来了。这是法国漫画家桑贝的漫画。用画面表达得非常好，无须用语言来说话。

最后介绍一位美国非常有名的杂志插画家罗克维尔（有译为"罗克威尔"的）。这个人连续画了 40 多年，每周都给杂志画一个封面，这个杂志叫《星期六周刊》。他 40 多年没有停过，他没有出过差，没有旅游过，也没有住过医院。这 40 多年就为这个杂志社画封面。因为有他画封面，老百姓就去买这本杂志，最后他不画了，杂志就停刊了。图 6-47 就是他画的《第一幅画》。美国政府为了支援"二战"卖国债。大家也不一定想买国债，怎么办呢？这个画家画了四幅画，这四幅画代表四大自由，在各个卖债券的地方巡回展览，展览完了人们都被感动了，爱国热情被激发，然后就去买国债了，因此这笔国债卖得非常好，有一半是画家的功劳。

另外，他为联合国画了一幅《黄金规则》（图6-48），画中各个种族的人都在一起。他在二十世纪四五十年代画的《我们共同的难题》很有名，刊登在杂志上。当时美国有种族歧视，黑人小孩去上学的时候，可能有白人小孩阻止他，美国白人就组成纠察队，护送小孩到学校去，放学再护送他回家。这些人戴了黄色的团队标志。若干年之后，奥巴

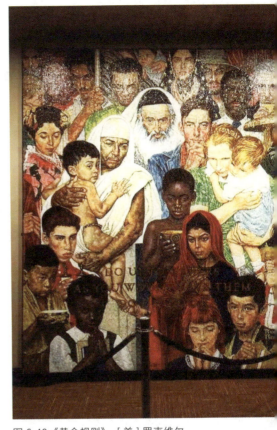

图6-48《黄金规则》 [美] 罗克维尔

图 6-49

马当总统了,他看过这幅画,但是这位漫画家已经去世很多年了。

美国社会对罗克维尔的评价极高,说美国所有政治学和社会学的教科书都比不上罗克维尔画的封面对美国政治与社会的解读。因为他的画不需要文字,所有人看了都能看懂,看懂了就喜欢。他去世的时候还比较年轻。十分可惜的是他把他的画放在仓库里,后来仓库着火了,烧掉了大部分原作。好在这些画的印刷品还保留着。

图 6-49 是中国漫画家王原画的,他写了很多文字,他文字写得比较好。员工吃元宵比赛,领导对一位员工说,"你可一定吃完,别让我失望,我都提前让他们在第一名的奖杯上把你名字刻好了"。这是讽刺认认真真走过场。

图 6-50

图 6-51

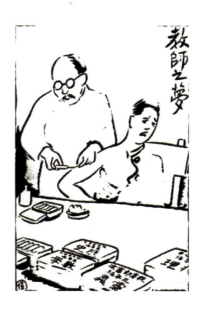

图 6-52
《教师之梦》
丰子恺

这幅漫画虽然也很幽默，但只有懂得汉语的读者才能看懂。

图 6-50《请大家出示身份证》，有个人把官帽举起来了，意思就是说有些人是有权力的，他可以不这样做。

图 6-51《主播打赏》，主播在屏幕上是很好看的，但实际上可能并不长这样，甚至性别都可能不同。

图 6-52 是丰子恺在 1949 年以前画的漫画，叫《教师之梦》。"教师之梦"就是通过打针把数学、历史等学科知识，一针一针打到人身上，用以讽刺知识灌输的教育方式。如此灌输式教育是难以培养出有创造力的优秀人才的。

法律和漫画的关系是非常复杂的，因为漫画有的讽刺,有的幽默,有的自嘲,但法律是非常严肃的。我们看到法律会产生敬畏心,那为什么在漫画家笔下的法律、律师、法官和相关的事情,我们并没有敬畏之心,距离感也消失了呢?在法律漫画方面,我们中国和西方的差异非常大,在西方法律漫画是很生活化的,而在中国可能面对的是政府机关,所以是不能开玩笑的,我们中国人对官员很尊重,称之为"父母官",这是中国儒家的传统。

所以中国在这个方面的漫画,几乎只有卡通画,你可以看到卡通的漫画,但看不到西方那种讽刺总统、议员、法官、检察官、警官的漫画。

第七讲

图像与医患关系

GRAPHIC AND LAW

我在疫情期间特别关注医患关系的问题,从 2019 年年底到现在,全社会对医护人员的尊敬程度空前提高。在抗疫过程中,广大医护人员奋不顾身、舍生忘死的全力抢救,让我们感动得落泪。

但我们没有去武汉,也没有去那些医院,那么我们是怎么知道医护人员的情况呢?特别是我们没有进重症监护病房,也没有亲临方舱医院。我们全都是通过照片、视频等图像看到的,如果没有这些图像,我们对疫情的认知和感觉不会这么直观。

比较一下唐山大地震。1978 年 7 月 28 日唐山发生大地震,因为当时没有图像传出来,黑白照片也看不到,没有直观的感受,所以我们对唐山大地震的惨烈状况并不了解,实际上当时遇难的人比汶川地震多得多。汶川地震有多少人遇难? 8 万多人。唐山大地震至少有 20 万人遇难。因为唐山是一个中型城市,人口密集,地震就发生在城市中心附近。汶川只是一个山区县城,城市建筑规模和人口都不能与唐山相比。唐山那么大一个城市,震后几乎被夷为平地。但是我们对唐山大地震的感受却没有对汶川大地震的感受那么强烈。原因之一,就是我们没有看过唐山震后的照片。

"非典"那一年,是 2003 年,我们也没有感觉像这次新冠病毒疫情这么紧张。原因有许多,疫情的严重程度和传染范围与方式固然不同,但是,我比较这两次疫情的感受,还有一个不同,那就是这次疫情能看到的照片和视频比 2003 年"非典"疫情时多太多了。今天我们可以在手机上看新冠病毒疫情的照片和视频，不但官方发布，个人也可以发布，所以我们的感觉就不一样了，这就是图像的效果。

新冠病毒疫情的相关信息我们一开始就能从微信上、官方微博上看到，私人的朋友圈也能看到。解放军派出军医医疗队去救援，可以看到大型运输机、各个医疗队前去救援的图片（图 7-1），等等。我特别找了北大三家直属医院救援的图像（图 7-2），也就是北京大学第一医院、北京大学人民医院、北京大学第三医院，后面背景是首都机场原来的老候机楼。图 7-3 是钟南山院士在赶往武汉的火车餐车上短暂休息的照片。

图 7-1

图 7-2

第七讲　图像与医患关系　143

图 7-3

图 7-4　　　　　　图 7-5

图 7-4 是医务工作者在上岗的时候，都把名字写在防护服后背上，因为戴上口罩和防护镜后他们的脸看不太清楚。我们还可以看到医护人员因为戴一天口罩脸上勒出的印痕（图 7-5）。我们从来不会想到口罩可以把脸勒成这个样子，这是因为口罩捂得很严，也很紧，戴的时间也过长。

医务人员需要工作一整天，还不能脱防护服。化验室、急诊室的医务人员都在地上睡觉，就这么穿着衣服睡。这种情况，过去我们从来不可能看到，但是现在在特殊情况下，通过照片和短视频，让我们看到了。

有些照片是医生在配药、在抢救,作为家长的医生要值班,所以在跟小孩告别,小孩一个人在家里或者跟老人待在家里,一个月可能都见不着妈妈或者爸爸。

这些照片让我们感动于医护人员救死扶伤的精神。这些照片都是因为有了互联网,有了手机,有了个人可以传照片的条件,有了这样的自由,有了这样的便利才能被传播、被看见。

2003年我们的手机大部分都还是不能拍照的,只能打电话,虽然那时已有互联网,但是手机不能移动上网,只有电脑插线才能联网,没有Wifi。那时也没有微信,用手机可以传彩照,彩照那时候传一张是一元钱,像素也很低,没有像现在这样的"自媒体"功能。

所以图像能不能自由传播是非常重要的,甚至比信息还要厉害。就像图7-6,戴着眼镜和口罩,四方脸型,也已经是符号了。你现在拿个粉笔随便画一下,其他人就知道是李文亮,而不是别人。全国人民永远会记住李文亮,因为他是英雄。

你再看"非典"期间另外一张照片(图7-7),左一是钟南山老学长。外国专家组来到中国后,因为他是搞呼吸传染专科的,也参与了会议。但当时在公众场合,大家都没有戴口罩。

"非典"期间北京大学人民医院封院了,原

图 7-6

图 7-7

因就是医院接收了几个"非典"病人,然后就在医院传染开了,医院的工作人员、护士医生被感染了,病人也被感染了,这个医院就不能再接诊了。医院整个封起来,里边的人不能出来,外面的人不能进去,全封上了。我们学校只能送菜到警戒线,把菜放在警戒线外,然后有人帮着搬进去,我们既不能握手,也不能问候,只得隔开。医院的人来搬菜,我们就回去了。家属也见不到病人,反正不能过警戒线。隔离了好几个月,一直到"非典"结束。

但是当时医生与患者的关系还是不错的,得了这个病,当时条件也不如现在,病人出院之前,也没有什么条件送花,就拿纸板做一个心的形状,然后写上"救命之恩,永生不忘",就拿这个和医生护士照个相,合个影。

2020年新冠病毒来袭的时候,我们的医院和外国医院都有医护人员被感染,外国医院有护士辞职的现象,说"我不行啊,我崩溃了,我实在太累了"。但是中国的医护人员不会那么说,更不会那么做。

我们现在知道图像需要官方的和民间的多种渠道同时发布,互相印证，我们可以为这个人说话，也可以不为这个人说话，要反复比较才能看清真相。

2020年，我国医患关系迅速好转。图7-8这张漫画中，医生在看防身绝招，患者在学医疗救治知识。最高人民法院很多年前出台过一个关于医患纠纷举证的司法解释，规定患者跟医院打官司，医院负责举证，这也就是著名的"举证责任倒置"，即由被告举证。一般情况下举证是"谁主张谁举证"，通常都是由原告举证的，但是患者没有医学知识，也没办法举证，而医院有专业知识和条件，所以医院来举证自己做的是没有问题的，如果不能证明这一点，那医院就要承担责任。我对此存疑。

我在学校工作时间比较长，接触我们医院的情况稍微多一点，因为我要负责法律问题。遇到法律问题，跟医院沟通也比较多。每个医生都要把责任弄清楚一点，为了把责任减轻，必须把所有程序做到位。

这是一张以前医院的照片（图7-9），直观地反映了医疗资源跟患者的需求之间的不平衡，导致医患关系紧张。在走廊里隔上屏风，屏风里边就是病床，病房住不下了，病人就在走廊里住。陪床的人到晚上都在外面睡觉，走廊里都睡满了人，有人在地上铺个塑料袋就睡了。早上去挂号，凌晨就得去排队。

有的医院，晚上开始排，早上7点才开始挂号，

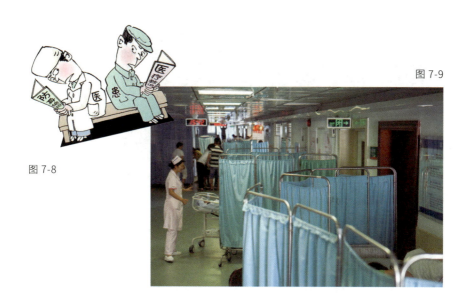

图 7-8

图 7-9

差不多得排 12 个小时。要挂专家号,可能排队要更久。

看病的时候三五分钟就看完了,是因为大夫不只看一个病人,医生几个小时不吃不喝不上厕所,连轴转,一上午他要看完所有挂号的病人。

中国人口多,医疗资源现在还不能充分满足所有患者的需求,所以,医生和患者看问题的角度有时是完全不一样的。

图 7-10 是医疗纠纷的照片。患者去世了,家属在医院挂横幅,在医院烧纸,在医院发泄不满,和医生、护士推搡、追打。

如果问为什么患者或者患者家属在医院会容易情绪失控,你们会选择什么原因? A. 医生态度不好。B. 对医生治疗方法不满意。C. 对治疗效果不满意。

图 7-10

D. 酗酒。

大家选 A 和 C 比较多。A 的情况可能在中国来说更多一点。医生态度为什么不好？我的同事柯杨校长是医生，又是医院管理者，她的体会比较深刻。柯校长给我介绍过医学与人文的关系内容，她说医生学医的整个过程中，学习压力很大。拿到医师资格证以后，马上就去看病了。所以医学生从 18 岁入学一直到给病人看病都没有时间去接受除医学以外的、多种学科的知识和社会多层面的体验。她说课程安排中，只有一点社会学、文学、历史学、哲学、法学等课程，使医学生对社会有更全面的认识和准备。

医生也会举着维权的牌了，说保护我们医生的尊严，保护我们医生的生命安全，等等。但有的对医生的保护措施会走向另一个极端，有的医生头戴钢盔看病，然后穿防刺服，还有专门给医生做的白大褂，白大褂里面有夹层，刀刺不进去，医院还会派保安在走廊里来回走，这些我都看到过。保安有时候还举一个

图 7-11

大叉子,两边全是患者家属。有的医院要医生学点防身术,把武警请来教他们。

我们北大医学部的教授团队做过一个很好的关于医患关系变化趋势的调研报告,该报告显示:美国劳动局统计,"2011年到2013年,在医院工作场所袭击医生的案件每年平均24000起,75%的医疗卫生机构遭遇过这种袭击"。"印度暴力伤医案件有增无减,大多数医生工作时担心自己的安全。印度医学会调查显示,75%的医生在工作中受到过肢体或语言的暴力伤害。"

2020年年初,有个医院的监控视频被公布,迅速在网上传播,震惊全国。在视频里,患者家属用刀刺向毫无防备的医生,非常残忍(图 7-11)。这位被杀害的医生叫杨文,是我们北医的校友。凶手叫孙文斌,2020年1月16日,北京市第三中级人民法院判处其死刑。从立案到判决只用了24天,这在过去从未有过。2月14日,北京市高级人民法院开庭二审,维持原判。3月17日,最高人民法院就核准完毕,4月3日执行死刑。从立案到执行不到4个月的时间。如果一般的刑事死刑案件，从立案、一审到二审，再到最高人民法院核准，通常需要一年或一年以上的时间，因为死刑案件的审理和核准要求非常慎重。这个案子的判决速度为什么这么快呢？因为有行凶作案的监控视频证据，铁证如山，而且全国人民在网上都看见了他犯罪的全过程。

北京市在通报新冠肺炎疫情的新闻发布会上，还特别说了这件事，因为是在全国抗疫最紧张的时候发生的杀医案件，中央电视台在新闻频道也专门报道了这件事。这个视频上网之后激起全国人民极大愤慨。当时疫情暴发，医院资源很紧张，医护人员超负荷工作，身心非常疲惫，却发生了杀医案。国法和天理不容，必须严惩。

这个案子有一个特点：案件发生后监控视频立即被传上网。我目前查到的其他杀医案件并没有行凶过程的视频被传上网。这个案子的视频被传上网后，传播很广，社会反响特别强烈。

这个案子中，视频起到了关键性的作用，此前医院视频设备没有后来这样完备，难以取得视频证据。

我们再看一下过去的一些杀医案，同这次视频被传上网的杀医案作一下比较。

2011年8月16日，一个叫卢德坤的人杀害了广东长安医院的医生刘志霖。杀医发生在2011年，2017年1月10日凶手被执行死刑，时间长达6年。这期间被害人家属遭受的煎熬得多大？当时没有微信，我们的感受都不强烈。现在就不同了，现在有互联网，有智能手机，能拍照、能上网、能发视频，人人都是自媒体，发生这样的事情后，很快就能形成舆论热点。过去没有这些条件，大多数人看不见，好像社会对伤医案都是沉默的，法院没有现在这样大的压力。

2012年3月23日下午，哈尔滨医科大学第一附属医院实习医生王浩被当事人李梦南捅死，因为当事人不到18岁，所以不能判处死刑，只能判其无期徒刑并剥夺政治权利终身。相关照片都是省级的官方媒体公布的。但外省人一般很难看到。

2013年10月25日，一个叫连恩青的患者自认为手术后没有达到理想效果，并且怀疑因此影响了他的形象，便携带事先准备好的铁锤和尖刀来到台州市第一人民医院门诊耳鼻咽喉科，进入王云杰诊室，用铁锤打击医生头部，再用刀去刺他的心脏，最后杀害了这位医生。2014年1月27日，台州市中级人民法院判处连恩青死刑，2015年5月25日执行死刑。从一审到最终执行用了一年多的时间。

2014年发生了很多杀医案后，医院开始有了监控。齐齐哈尔杀医案可能也有视频，但没上网。2014年2月18日，黑龙江卫计委发布紧急通知，要求保证医务人员的人身安全，保安人数不低于在岗医护人员总数的3%，或者每20张病床就要配1名保安，还要配置必要装备，健全保安制度。对于重点地域，执行24小时保安制度。

2015年9月8日，一个叫田春生的患者杀害了徐州铜山一个镇卫生室的医生。直到2016年9月，一审法院才判决被告死刑并剥夺其政治权利终身。这个案子很容易侦破，是现场杀害医生，有许多目击者，但一审就用了一年多的时间。

上述几个杀医案的图像在事后由官媒公布。2014年、2015年手机可以录像了。但是当时大部分手机还不能上传视频，如果官方不公布，我们就看不到有关信息。

2016年5月18日，邵东县人民医院五官科41岁的医生王俊在接诊时，由于患者家属不满，在推搡过程中，被患者家属一拳击倒，经全力抢救无效离世。直到2017年1月30日，三名行凶者才被以故意伤害罪判处4年至12年不等的有期徒刑。鉴于被杀害的王医生有冠心病，伤害可能导致他的冠心病发作,心脏问题是死亡的诱因,所以对三人从宽处理,二审维持原判。

还有伤害医生子女的案件。2016年6月13日,贺正平见到医生孔某年仅10岁的儿子独自上学,随后进行跟踪,后在公交车上猛刺被害人头部致其重伤。行凶者被判死刑,缓期二年执行。二审判决已于2017年2月20日发生效力。这个审理是比较快的。

山东莱钢医院杀医案。2016年10月3日,医生李宝华在工作中被人用刀砍死。2018年7月28日一审才宣判,判处死刑,2019年二审维持原判,耗时将近两年。

安徽泾县杀医案。2018年3月14日,泾县人民医院医生赵新兵在内镜中心走廊被杀害,他当时才50岁,被告被判处死刑。官媒报道公布了一张照片,后续二审和最高人民法院复核情况都没公布。

天津医院杀人案。2018年7月12日,天津武警后勤学院附属医院赵军艳医生在出诊时被三名歹徒残忍杀害,年仅47岁。审判结果在网上查不到。

总的来说,上述杀医案最后的审理结果在网上不能全部看到。很多只能看到一些追悼会的照片。要想对此种案件的犯罪人起到震慑作用,必须有一些图像公布出来,否则不会引起全社会的关注,也起不到警示教育的作用。

没有录像、没有照片、没有广泛报道,社会就不会关注。

2020年1月,"漫谈医管"写道,自媒体应第一时间把相关视频放到网上传播,引起社会关注。如果此类案件得不到有效制止,社会舆论会将医生视为"高危职业"。加上医务人员的工作强度大、工作时间长,而且工资待遇并不高,就会导致学医的越来越少,还使得报考医学院的学生家长们越来越为难或纠结。这种情况让人担忧。

为什么对医生和医院不满？有以下几种观点：第一，对不能及时住院不满。第二，对药费不能报销不满。第三，对医院某项规章制度不满。第四，对治疗方案、治疗效果不满。第五，医疗成本高，医疗补贴少，导致出现较高收费或变相收费等情况，老百姓吃不起药，治不起病等，患者及家属情绪又得不到宣泄。

此外，有医护人员表示，伤医案如果不是按照寻衅滋事或者扰乱社会公共秩序处理的话，处罚很轻，难以产生制止的作用。社会上还存在在医疗关系中，患者是"弱势群体"的误解，认为医生被殴打了一定是医生有问题，不管医生有没有错，医院都要赔偿。

这里提一个问题，医疗行业是不是服务行业？我认为不能将医疗行业划为服务行业。厦门的黄志强医生认为，中国的医患矛盾是历史遗留问题，也是当前社会对医生这个职业观念落伍的问题。中国民众普遍将医疗行业视为服务行业，大家将医生同餐厅服务生一样对待，这明显是不对的。当今社会暴力不断，我们僵化的医疗制度和落后的医疗保障制度是一个深层的原因，这个问题需要请专家进行专门分析，我们在此不详细分析。

根据北大医学部的调查报告，从2009年到2018年，媒体报道的伤医案件几乎都是发生在沿海经济发达地区，西部地区很少发生伤医案件。为什么？从医院级别上看，医院级别越高，发生此类案件越多。近十年来，七成案件发生在三甲医院。不同科室的伤医案频率也不同，83%的伤医案发生在急诊科。伤医的原因方面，患者对医生服务不满的占65%，对医生治疗效果不满的占60%，对医生提出的方案不满的占38%。

有一名医生在采访中表示，以往伤医案件层出不穷，很大程度上源于中国人对医生职业的错误认识。媒体对医疗行业过度美化，导致公众对医生有很多不切实际的期待。媒体动不动就宣传白衣天使，电视剧中病人叫了救护车，就有一帮医生带着各种设备迅速赶来，这些情况在现实中有时还达不到。医生不是万能的。医生每天要接待大量病人，很难照顾到每个病人的情绪和想法。这位医生还提到，现在医闹的原因复杂，有些病人因为医院的饭菜不好要闹，药开贵了要闹，药开太便宜了要闹，药开少了要闹，甚至半夜摔了跤也要闹。不满的情绪都发泄到医生头上，医生承受了不应该承受的压力。

北大医院发生过一起伤医案，网上最多的关键词是"严惩"，而"悲伤"等词比较少。2015年《刑法修正案（九）》将破坏医疗秩序的行为纳入聚众扰乱社会秩序罪，将医院等同于一般的社会场合，这样规定不利于维护医院安稳的医疗环境和工作秩序。从已经发生的案件看，提到后续处理的很少，最多报道到拘留逮捕阶段就没有下文了。追踪报道审判结果的只有5%。

前面提到的北大医学部2014年的调研报告显示，我国66%的医生遇到过冲突，超过三成医生有被暴力对待，295起伤医案样本中（不包括港澳台地区），有362名医生受伤，99名医生被袭击，24名医生失去生命。伤医案中的患者通常处于社会底层，遇到问题时的处理手段有限，容易被激怒，值得同情。但站在医生的立场，长期高负荷工作，精神疲惫，有时也焦虑。医院方面，先交钱后看病的做法在报道中也很负面，但医院亏空无人补偿，理想和现实存在差距。

第八讲

刷脸与法律问题

最近有一个案子，2020年11月20日下午，浙江省杭州市富阳区人民法院判决原告郭兵关于他在杭州野生动物世界入园被要求刷脸这一案件胜诉，胜诉后被告退还他办卡的钱，把他刷脸的所有信息都消除。这个判决非常长，要点如下：第一，我们国家法律对个人信息在消费领域的收集、使用虽未禁止，但强调对个人信息处理过程中的监督和管理，即个人信息的收集，要遵循合法、正当和必要的原则，并且要征得当事人同意。第二，个人信息的利用要遵守确保安全的原则，不得泄露。出售或者非法向他人提供都是禁止的。第三，个人信息被侵害时，经营者需承担相应的赔偿责任。判决的理由是，双方在办理年卡时，约定采用指纹识别方式入园，虽然采集了郭兵及其妻子的照片信息，但没有明确是用于入园，超出了必要原则。

这个案子的关键点有二：第一，刷脸要具有正当性。第二，要征得当事人同意。我们来回顾一下，2019年10月17日，在没有任何协商的情况下，动物世界就短信通知郭兵改变入园方式。10月26日，郭兵专门开车到动物世界，因为不刷脸不能进，也不能办理退卡，手续费也不退，所以他在同年10月28日向富阳区法院起诉，法院于2019年11月1日立案，2020年的11月20日才宣判，区级法院审理这样一个案子用了一年多的时间，这显然是非常长的时间。这个案子开庭时在网上直播，显然这是一个典型案例。案子发生在杭州这座信息化程度比较高的省会城市，这个案子要怎样判，法院显然要作各种考量，从此之后，很多情况应该会因本案的判决有所改变。但是，杭州"刷脸第一案"，最终没有作出有关刷脸案件中具有"里程碑"意义的判决，只是成为无数合同案件中的一个普通案件。法院在审理时回避了保护个人隐私的问题，而这个问题才是网民最关注的。

接下来我们比较一下出入境刷脸与高校入校刷脸。出入境刷脸是反恐的需要，防止伪造护照，收集出入境人员的信息用于大数据分析，或者是司法机关监控的需要，还可以提高出入境的效率，现在还有抗疫的需要。

但在市场消费领域，商店与消费者是合同关系，刷脸只有双方达成合意才可以。

清华大学 2018 年曾经有过刷脸入校要求，那时是要求游客刷脸，清华保卫处处长李志华说，这是为了提高通行效率，防止冒用他人的名义预约。但不要求老师和学生刷脸。

2018 年 6 月 27 日，北京大学欢迎体验刷脸入校（图 8-1），那时疫情还未发生。《新京报》在 2018 年 6 月 28 日报道了这件事，说是国内首次在室外光线下使用人脸识别技术。《法制晚报》也进行了报道。除了刷脸入校，在有些学院图书馆、实验配备的危险品仓库等地方共装了 21 套刷脸设备，方便学生进出，也加大了安全管理的力度。

高校刷脸进出校门是学校自己规定的，不是北京市教工委和教委的要求。《北京大学章程》第 14 条规定，学校健全议事决策规则与程序。凡重大决策作出之前必须进行合法性审查。凡针对特定主体所制定的、具有普遍约束力的决定须以规范性文件作出。第17条规定，教职工对学校工作有知情权、参与权、监督权。《北京大学章程》第31条规定，学校教职工代表大会是教职工依法参与学校民主管理和监督的基本形式，教职工有通过多种方式对学校工作提出意见和建议，监督学校章程、规章制度和决策的落实，提出整改意见和建议的权利，讨论法律、法规、规章规定的以及学校和学校工会商定的其他相关事项的权利。2019年3月25日，校保卫部发布了一个通知：各位老师、各位同学，为了提升门卫验证技术水平，方便广大师生入校，学校经过半年的现场实验，人脸识别闸机现在已经基本定型，进入各校门普遍安装调试阶段。网上设了一个二维码，可以自己拍照上传。

图 8-1

图 8-2

对于刷脸入校,也有过不同的声音。某学院有位老师在疫情期间进校不想刷脸,就进不了校园,怎么说也不让进,教师工作证、校园卡都不管用,最后还是刷了脸。疫情期间,可以理解。北京师范大学、北京科技大学也都要刷脸进校了。现在疫情虽尚未结束,但是北大校园刷脸开始改为"自愿选择"方式。

下面看一下更多刷脸的应用场景,比如银行取钱刷脸。有一个报道说一位 90 多岁的老太太,摄像头拍不到,要家人抱着她刷(图 8-2)。这件事被报道后,银行向当事人道歉。另外,老人去世后,就没法刷脸;还有双胞胎、整容后刷脸都可能遇到问题。书店买书、高校宿舍出入、酒店入住或者进电梯、食堂支付、小超市支付、取快递、政府机构办事都在应用刷脸技术。网上有个报道,说为了不被房产中介刷脸,有人戴着头盔、口罩和防护镜去看房。上述这些场景刷脸的照片网上有很多,五花八门,无奇不有。

最先对刷脸作出限制性规定的城市是天津。2020 年《天津市社会信用条例》第 16 条规定,市场信用信息提供单位采集自然人信息的,应当经本人同意并且约定用途,法律和行政法规另有规定的除外。市场信用信息提供单位不得采集自然人的宗教信仰、血型、疾病和病史、生物识别信息以及法律、行政法规禁止采集的其他个人信息。

人脸信息泄露的案子非常多。2019 年 4 月 20 日,山东威海市一名受害人接到电话说到一个公司帮点儿小忙就能收取几千元好处费，但是要走个程序。这个人就把信息给了对方，对方要求在手机镜头前点头摇头，承诺两天后受害人将收到"好处费"3000元，但半个月后受害人收到电话催款，发现自己被骗贷9万元。

2019年5月3日，葛某在网上刷到有"大额超秒批无须抵押"字样的贷款信息，通过手机操作后被骗贷5万元。2019年7月5日，木某收到短信，表示只需身份证刷脸就可以轻松贷款。操作后收到款项1万元，但1个月后收到催款信息，欠款7万元。空手套白狼的也有。许多贷款平台都要求刷脸，采集面部信息后钻空子。另外，很多手机也有用人脸解锁的情况，在这里我不再多说。

2019年10月，嘉兴学院医学院一名学生在课外科研实践中发现，纸打印的照片代替真人刷脸，能骗过某小区的智能取物柜，所以刷脸的不一定是真人，拿照片也能刷。还有另类刷脸。刘某与李某在芜湖的公交公司上班，2020年5月的一天凌晨，刘某确定李某熟睡之后，拿起李某放在枕边的手机点开支付宝，看到李某的花呗有4500元额度，借呗有8900元额度，他用手机对着李某熟睡的脸迅速拍了一张照片，然后分两次把钱转走并删除了记录。当天下午，李某发现自己支付宝欠了13400元后大吃一惊，并心急如焚地问了刘某，刘某连忙收拾行李准备离开芜湖。但李某致电支付宝，发现钱被转到刘某的账号上，便报案了，最后追回了款项。

还有一男子以帮人激活信用卡为由，用手机操作时乘人不备，在转账页面用手机扫描被害人脸部转走了2万元。刑法规定了盗窃罪，这种情况比较容易处理。但在个人信息安全法方面比较麻烦。

接下来我们来看一下2020年8月13日判决的英国刷脸第一案。为了维护治安，警方要求住在某小区的住户刷脸，但有一居民拒绝刷脸，还起诉了警方。法院判决警方败诉。

2018年，埃塞克斯大学进行了一项研究，表明英国警方使用人脸技术的成功率只有80%。清华大学法学院劳东燕教授也质疑刷脸问题，认为要征求公众意见、开听证会等。北大法学院副院长薛军教授也提出了质疑。总的来说，人脸数据是唯一的，不管这个技术如何好，一旦信息泄露，无法挽救。我国互联网企业敢于冒险的原因是全额赔付。2017年支付宝推广刷脸技术时表示，如果信息被盗，支付宝将全额赔付，赔付秒到账。将来用得更广了，能不能赔得起就是另外一回事了。

对于刷脸信息安全问题，现在比前两年重视了。因为现在网上10元钱可买到5000多张人脸照片。2019年9月12日，有一个网站有17万张人脸信息被公开售卖，包括2000多人的肖像，各种识别信息，当事人对此一无所知。蚂蚁金服某内部员工利用职务受贿超过1400万元，出售客户个人信息，此案已审理。

人脸信息很多是在公共场所采集的，标价非常便宜，3000元可以买到24000套人脸照片，相当于一套照片只需要一毛多钱，都没有经过当事人同意。《民法典》有保护肖像权的规定，但是根本管不住，在网上很难找到真正的卖家。

刷脸是怎样一步一步走到今天的呢？有安全的需要、便利的需要、效率的需要。在效率和隐私之间选择，我们几乎都选择追求效率，却不太关注保护个人隐私和信息安全，而欧美和日本非常重视保护个人隐私。

我们来看一下刷脸信息和信用卡盗刷。信用卡被盗刷可以挂失，人脸被盗刷没法挂失。如果是我们自愿同意的，那就不需要法律了，没有经过同意却已经被盗刷，就很难处理。第一，难以确认经营者要求客户刷脸的责任。第二，在有些情况下，谁是经营者也难以确定，是商家还是网络平台？《消费者权益保护法》没有考虑到网络的复杂性。第三，证明和取证困难。第四，网上换脸、深度伪造一旦造成负面影响，难以消除。

所以说，刷脸技术对社会信用和社会安全影响很大。一旦脸部信息被倒卖或者被深度伪造、换脸，那么谁来证明你的脸不是你自己刷的呢？网络信息曾经是高速公路，如果人们对信息失去充分的保护，信息就会被滥用。一旦被滥用，普通老百姓又难以取证、难以解释。深度伪造技术让现有信用制度崩塌，视频都不能证明是真的，最后导致形成无信任社会。我们现在建立在信任社会上的所有制度都会被重新考虑和安排。现在已经不能阻挡应用刷脸技术的大趋势了。我们现在的法律和现实完全是在两种情境之下。信息已经发展到了这种程度，我们享受了便利，但也时刻在危险之中。

我有几条理论假设：第一，随着我国刷脸技术使用场景的普及，有关刷脸技术的相关案例也会增多，那么涉及网络技术和网络一对多的交易关系时，原告很难承担举证责任。我认为这个责任应该由国家委托公共安全机构来承担，只有它们有侦查能力，别人没有这个能力。只有它们有权力去找百度、找腾讯等网络公司要线索，个人很困难。第二，如果公安机关难以承担这个责任，那么刷脸识别的真实性和意义将会随着时间递减。第三，应该制定刷脸信息泄露时的补救措施。如果没有补救措施，人脸信息泄露的后果将无人承担。第四，重新恢复刷脸信息之前，要做防伪加密的信息，否则刷脸是无效的。第五，全国应该建立人脸数据库，同身份证信息一样。第六，如果所有人都刷脸，我们就进入了"无隐私社会"。这个时候法律就反过来了，隐私不受保护，有隐私的人必须受到某种处罚。这种情况是难以令人接受的。

我上面说的这些并非天方夜谭，将来都可能成为真实情况。

图 8-3

在日本商店里可以买硅胶做的人脸头套（图 8-3），戴上之后，走在街上，不特别注意，根本看不出来。戴着这种硅胶人脸头套，可以打开面部识别的门锁。

我国某中学的中学生用彩色打印的人脸照片刷脸可以通过门禁。现在网上还出现了"仿妆"或叫"易容术"的情况，也可以说是一种通过化妆，将自己的容貌改变成你想要的明星模样的技术，而且到了以假乱真的程度，肉眼难以辨认。这种情况也让人脸识别设备难以辨别真伪。

总之，各种"假面人脸"方式的出现让人脸识别的门禁系统出现了漏洞，也让冒充别人的脸完成刷脸成了可能。

这些案件现在毕竟是少数。更严重的问题还在后面。

刷脸相关的法律问题，我分两类来讨论：

第一类问题，如果刷脸出现法律问题是个案，那么就有下列问题需要讨论：

第一，盗刷脸的案件中，被盗者是否负有举证责任？我的面部信息被盗与我的物质财产被盗有本质上的不同。假如我的面部信息被盗了，再被转卖了，后有人用我的人脸信息作案了，我不知道我的面部信息是什么时候被盗的，因此我无法报案。

第二，不法分子盗用我的脸作案后，我可能被公安部门"传唤"并要求"配合调查"。此时，我要千辛万苦证明自己不在现场。自己说还不行，还得有第三方或第四方提供旁证才可以。反过来，如果我是警察，我也不会相信一个当事人说的话，我也要看第三方的旁证。

第三，只有公安机关相信我说的话是真的，我的"自证清白"才能告一段落。但是真正的麻烦才开始，我这张脸因为"涉嫌违法犯罪"，所以可能不得不"挂失"或者"停止使用"了！这就意味着我本人在一段时间内也不能"刷脸"通过各种门禁，我不能"刷脸"通过机场的安检，不能"刷脸"通过高铁的闸门，甚至不能进学校了，因为我们学校疫情期间出入校园强制刷脸。甚至我不能在银行和邮局办理各种手续，如买卖房屋、办理护照等都不可能了。我此时成为一个因为"没有脸"而失去合法身份的公民。而这一切后果都是由没有做任何违法行为的、无辜的、守法的公民本人来承担的。这相当于，我既是受害者，又是受惩罚者。

第四，我怎么才能恢复合法权利呢？单独依靠个人的能力是难以完成的，因为整个网络环境和信息系统都不"接受"我这张脸了。要恢复，必须由有关部门来完成。这些部门将来或许要专门设立一个机构来办理类似这种受害人的申诉，并让我"有颜面见江东父老"，之后我才能重新回到社会。

上述这一切后果不应由我来承担，但却还是由我承担了。这就出现了受害者承担责任的怪现象，当我要申诉，要履行各种法律程序时，不得不付出我的时间、财务费用和精力。时间和精力对于我来说，比金钱还宝贵。

刷脸涉及公民个人生物信息，这是不是应当由国家法律保护呢？但是在疫情以前，以各种"科技创新"的名义，"刷脸购物""刷脸入校""刷脸取厕所卫生纸"等做法已经屡见不鲜，但那时还是自愿选择的。疫情暴发之后，以"防疫抗疫"的名义，"刷脸入校"就成为强制措施。因此任何人的反对都是不受法律保护的。但是，疫情过去之后，我的面部信息已经被技术公司所掌握，这些公司是商业机构，也会有生有灭，公司的员工有出有进。我的人脸信息掌握在这些机构和这些人手里，同已经被"市场化"相差无几，这与机场和高铁等垄断服务机构出于安全的考虑采用旅客刷脸安检还是不同的。这些交通部门带有公共服务部门的性质，尽管它们也是国企公司，但是为了大众交通出行安全和防止恐怖主义，我还是能够接受的。但是疫情过后，类似学校这种教育单位不涉及公共安全，此前的"合法名义"便没有了，如果学校不再继续采取刷脸进出校园的话，我的面部信息会按程序删除吗？还是继续保留在某个存储器之中呢？这些存储设备的安全性和保密性能万无一失吗？如果不能，发生信息泄漏，学校等单位能承担责任吗？从现在来看，都是不能的。

2020年杭州野生动物世界刷脸入园案件，法院只作为合同纠纷处理，作出要求杭州野生动物世界删除原告面部信息和退款等裁决，并不影响该机构继续要求其他游客刷脸入园。这个判决没有对"刷脸"是否合法进行任何认定。所以"刷脸第一案"只是媒体为吸引网民设定的标题，实为一个很普通的合同纠纷案子。

我很理解法院的难处，认定刷脸合法性的责任在我国不应由法院来承担，而应由立法机关或政府来承担，法院将这个案件当作合同纠纷来处理也是可以的，只是以后别再叫"刷脸第一案"了。

第二类问题，如果将来因刷脸出现的法律问题不是个案，而是比较常见的案件时，那么关于刷脸的讨论就可能要反转过来了。

第一，当刷脸出现的法律问题比较普遍时，要求个人配合调查就没有合法性了。如同有人盗用某专家的名义，在网上发表引人注目的关于预防病毒方法的文章，如果这个专家没有发表过这篇文章，他可以声明这不是他写的。他也可以保持沉默。在他保持沉默时，有关法律部门并不能默认就是他所为。在疫情期间，网上有许多帖子冠以"钟南山""张伯礼""张文宏"等著名医学专家的名字，有些话显然不是他们说的，但是由于太多了，他们也不会一一澄清，因为浪费时间或他们也不知道。这就要凭读者自我判断和选择了。所以当假信息达到某种程度时，真假本身都不重要了，我们的选择才是重要的。

同样，假如人的面部信息被盗刷达到一定程度时，也与上述情况相似，即真假变得不重要了。这个问题就变成类似网民自己"信不信"和"看不看"的问题了。因此盗刷人脸的后果也不应由受害者承担。因此公安机关也不需要"传唤"被盗脸者来"协助调查"了。被盗脸者就与现在网上被盗用名义发表文章和讲话的人一样，不是他本人说的，他们自己不需要出来证明，造成什么后果也与他们无关。认识到这一点是十分重要的。更重要的是刷脸设备和有关部门的选择是通过还是不通过。那时的情况有些像今天的"居民身份证"，现在依然有伪造身份证的情况，但是技术解决方案已经能够应对这个问题。对于盗窃身份证作案的情况，现在也很容易查明。

第二，同时，我们也要看到，刷脸信息的情况比居民身份证信息更复杂。因为身份证信息与刷脸信息最大的区别在于，居民身份证从一开始就在政府部门掌握之中，由公安机关采集居民信息、拍照、发放，没有其他市场部门参与此事。但是刷脸信息从一开始就不是由政府部门掌握的，而是由市场上的企业事业单位分散进行采集的，没有法律保护，野蛮生长。看似"科技创新"，实为政府忽视对公民个人信息的保护，立法部门至今没有制定法律，任其自由发展。看似好像是政府不干预市场自由竞争和鼓励创新，实为政府部门没有预研。将来出现问题，由于前期政府不干预，也可以不承担行政责任。由于没有行政管理，也没有法律，所以一旦出现类似杭州野生动物世界刷脸入园案时，法院也只能是依照合同法进行处理。这类司法判决既无案例效果，也无司法解释的意义。

既然刷脸比身份证的情况复杂，那么处理的过程也更加复杂。举例来说，2019年，网上出现一个伪造美国众议院议长佩罗西讲话的视频，她说"特朗普是个笨蛋"。时任美国总统特朗普看见了，信以为真，还转发了这个视频。大家都一笑了之，因为作为正常人的美国著名政客是不会说这种话的。

接着，美国网络上又传出一个视频，这次是前任总统奥巴马说"特朗普是个笨蛋"。这次奥巴马澄清自己没有说过这种话。不久就有制作这个视频的搞笑者出来承认，此视频是他伪造的。他利用唇部模仿技术，将奥巴马讲话的视频与模仿说这句话的仿制材料结合在一起，合成了这个"深度伪造"视频。值得关注的是，这个短视频给制作者作了变相"商业广告"，此后会有人找他做生意了。

深度伪造技术在网上是公开出售的软件技术，属于深度学习软件的一种，制作者并非违法（图8-4）。同时，用这种软件制作公众政治人物的视频,在美国也不会被追究法律责任,属于恶搞公众人物的一种娱乐活动,政治人物也会对此采取宽容的态度。

如果问这是否涉及美国法律诉讼,那就要联系到《美国宪法第一修正案》,情况就会非常复杂。因此没有多少人会从法律上来讨论这个问题。但是伪造普通人的视频,如果发生严重后果,就会被追究法律责任。例如,2006年美国网络暴力第一案中的梅根自杀案件。

第三,刷脸常态化之后,政府应该采取一些相应的措施,例如:其一,随着国内"刷脸"场景普及,"刷脸"有关案件也会增多。"刷脸"有关案件由于涉及网络技术和网络"一对多"的交易关系,原告难以承担举证责任,这个责任需由有能力者承担,即由国家委托公安机关来承担举证责任。其二,如果公安机关难以承担

图 8-4

视频使用了现成的软件和应用程序来改变前总统奥巴马所说的话,展示了"深度伪造"技术是如何欺骗观众的。

这个责任，那么个人"刷脸"识别的意义将会增强还是会减弱呢？大家可以考虑一下。我认为会增强。因为政府介入之后，这不仅仅是市场行为，不再是合同法个案，而是社会普遍关注的公共安全问题。其三，当全民"刷脸"时，信息泄露，公安机关应该设立"报案"补救措施，不影响公民的社会出行和社交活动。其四，重新恢复"刷脸"信息前，需要做"防伪加密信息"，否则无效。这将是一项新的技术课题"无创伤人脸防伪加密"。其五，全国应该建立"脸部信息数据库"，同身份证信息数据库和指纹信息数据库、机动车驾驶执照信息数据库类似，以便随时核实相关数据信息。其六，国内或将进入"无隐私社会"？假如当数以亿计的人都刷脸时，就相当于进入"无隐私社会"。那时可能发生"剧情反转"，个人隐私不再需要法律保护，反而会"惩罚"或"限制"那些社会上的"隐形人"。这个问题将如何解决是另一个领域的问题，暂且不在这里讨论。

第九讲
图像的创意保护边界

GRAPHIC AND LAW

大番薯 老夫子

图 9-1
朋弟的老夫子与老白薯

图 9-2
王泽的老夫子与大番薯

今天我们讨论两个问题：第一个问题是图像的变形或者图像的衍生品及其法律底线。比如我们有一张原创的图像，之后我把它变成另外一张图像，但这张图像一看就是从原图来的，原图是很有名的，我把它变了，这有没有法律界限？怎样才算侵权？什么是可以改变的但又不是侵权的呢？另一个问题，如果法律保护原来的这张有版权的图，那么此种保护的最大受益者是谁？是原作者，还是出版商或者其他主体？

我们今天讨论的问题不是用电脑制作软件做的照片变形，那是另外一个问题。因为今天照片变形已经非常容易了，人人都可以在搜索引擎上搜索怎么来利用软件进行变形，比如把眼睛拉大、鼻子拉大、变胖或变瘦，随意地拖动鼠标就可以实现。我们今天主要是讲基于图像创意进行的变形或者基于原图像创意进行衍生的情况下，原图的著作权怎样保护？

我们先看一下下面这种做法是侵权还是图像的衍生。在我国香港地区有一个很流行的系列漫画，起码有十几年了，叫《老夫子》，作者是王泽。很多年以前，有人从1949年以前的杂志中发现了天津有一位叫朋弟的，他也画过《老夫子》，现在大家看到的就是20世纪40年代老夫子的形象，和后来的香港地区的《老夫子》中的形象很像。可以看到老夫子戴个小瓜皮帽，留个小胡子，穿个马褂，马褂上面还有三个点，是一个很搞笑的形象。

朋弟于1907年出生，1983年去世，他一直生活在大陆。大概在1957年的时候，出版了最后一些漫画，之后就不画了。因为那个时候再画漫画就有点讽刺当代社会的意思了，所以他就不画了。

后来曾任天津文联主席的冯骥才先生，看到了很多香港地区的《老夫子》漫画，然后又查看了朋弟的漫画，他发现这两个"老夫子"非常相近。朋弟，本来姓冯，叫冯棣，出生于四川，从小就爱好画画，20世纪30年代到上海美术专科学校学习，之后就在北京、天津一带以作画为生。

当时中国有三个最有名的系列漫画故事，一是朋弟的《老夫子》，二是叶浅予的《王先生》，三是张乐平的《三毛流浪记》。当时的报纸可能每天要出漫画连载的，天津的朋弟，又画了《老白薯》，"老白薯"是一个胖胖的形象，也很可爱。香港地区的王泽先生也画了一套漫画叫《大番薯》，主人公的形象很相近。

画家叶浅予，他画了《王先生和小陈》，这套也是系列漫画，在报纸上每天都会看到，是连续的故事，讽刺当时的政府和社会上的一些可笑现象，后来他也不画了。叶浅予先生后来当过中国画研究院的副院长。上海还有一位先生叫张乐平，他是1910年出生，1992年去世，他在上海画了一套连载漫画故事，叫《三毛流浪记》，后来又出了《三毛从军记》。这个是他稍微晚一点的漫画。我国台湾地区有一个作家叫三毛，就到上海来拜见"三毛之父"张乐平，两个人还照了相，有时候还在一起讨论画作。

那么我们再回到朋弟创作的有名的漫画之一《老夫子》,他的这套作品当时在《新天津画报》上连载,《老夫子》画的都是看了很让人发笑,但是笑之后又心酸的故事。朋弟还有一个叫作《阿摩林》的漫画,上海话是笨蛋、傻瓜的意思。另外,他还画了《上海现形记》等。

王泽先生,原名王家禧,1924年在内地出生,2017年去世。他1956年移居香港,他大约在1962年开始作画,然后出版《老夫子》这个漫画系列。后来《大番薯》系列也开始出了。这个时候由于处于改革开放初期,香港地区跟内地信息交流不畅通,大家也根本没有看过香港地区的杂志,特别是香港地区的漫画杂志。大概有两个原因:第一,可能是不允许入境,第二,买香港地区的杂志需要用港币,港币属于外汇,我们用外汇是受管制的。当时就有一位天津的漫画家黄冠廉先生,他从香港地区把王泽的《老夫子》带到天津来,给73岁的朋弟看,"朋弟默然,微笑无语"。

我们近距离比较一下,图9-1是朋弟画的老夫子的形象,图9-2是王泽画的老夫子的形象,看起来是不是很相似?那我们再看看图9-1中朋弟画的老白薯的形象和图9-2中王泽画的大番薯的形象。从视觉上看,大家觉得两者有关系吗?还是受到一些影响的吧。因为创造一个全新漫画形象是不太容易的。

我们不能小看这些事,我有一次专门给创业营的学生讲课,我讲了一个主要观点,我说中国到现在除了孙悟空,我们连一个在国际上有影响的动物形象都没创造出来。而美国100年前创造了一个米老鼠,又创造了史努比,还创造了唐老鸭等这么多动物形象。中国除了孙悟空,你能说出一个世界级的至今还在人们印象中非常活跃的动物形象吗?

香港地区的漫画创作比我们内地早10年,1995年就创作出了一个形象，叫麦兜，是一只小猪。而内地的喜羊羊和灰太狼是 2005 年创造的。

后来朋弟和王泽先生都去世了，那我要问：王泽笔下的老夫子和大番薯，与朋弟笔下的老夫子和老白薯是什么关系呢？是在香港地区继续发扬光大吗？还是抄袭？因为朋弟不起诉，微笑无语，任其发展。所以等于是你有头牛，人家牵去养，下了小牛都归人家，小牛又下了小牛还归人家，然后人家那里发展成了一个养牛场了。等到最后，你才知道，能怎么办呢？但是，朋弟的"老夫子"不是自己丢的，而是被人偷走的。

我们再往下看，朋弟在 20 世纪 50 年代就封笔了，后来香港地区还在继续出王泽的漫画，即《老夫子》和《大番薯》。那么假设构成抄袭的话，香港媒体为何还在继续出版呢？只能视为著作权人宽容了，但是被宽容的人没有表达任何感激之意。

图像变形和图像侵权的法律界限到底在哪里呢？我们在讲课之前先预选一下。A. 主要看是否侵犯原作者的署名权。B. 主要是看是否侵犯出版商的收益权。C. 主要是看是否侵犯经纪人的收益权。因为现在很多画家可能都有经纪人或者经纪公司等。D. 是否侵犯了画廊的收益权。

我讲一下，因为画廊和经纪人也是要赚钱的，比如画家画的画，不能放在家里摆着。他会放到画廊，如果在画廊展出或者在画廊被人买走，所得的收益要跟画廊分成，所以画廊也赚钱。如果有人对画进行拍摄，到处去复印，做了很多复制品，然后画廊的画卖不出去了，是损害画廊利益的。经纪人也是一样，一个画家需要有经纪人来安排画家的画的介绍、参展、评比等，如果有收益，他要给经纪人一定的分成。所以如果画的复制品太多了，经纪人拿不到钱，也是会受到影响的。

下一个问题，假如说法律是保护著作权的，以下所有人都应当被保护，但是对谁的权利保护力度最大呢？ A.原作者；B.出版商；C.经纪人；D.画廊。请选择。

我们知道过去大陆有个非常有名的动画电影，是1962年左右由上海美术电影制片厂拍摄的，叫《大闹天宫》。但在此之前，孙悟空的形象已经有了，设计这个形象的画家叫张光宇，《大闹天宫》的不少基本元素都脱胎于他创作的彩色连环画作品《西游漫记》。

图9-3是孙悟空大闹天宫的图案的设计稿。

图9-4和《西游漫记》的孙悟空形象非常相似。最早古代人画的孙悟空完全是个猴子，拿着个棍子，腰间围块兽皮。而张光宇画的已经不完全是猴子了，而是像人一样打扮的猴子，这是受到了戏剧中孙猴子小花脸的影响。图9-3是万籁鸣画的，图9-4是张光宇画的，万籁鸣是上海美术电影制片厂《大闹天宫》的主画师。前者借鉴了后者的形象，当然这两位作者是合作者，也是朋友，完全没有前面所说的天津朋弟和香

图9-3
万籁鸣画的孙悟空

图9-4
张光宇画的孙悟空

港王泽那样的情况。

我们大家可以看看他们两个画的孙悟空是不一样的。万籁鸣先生特别会画动作,他把动作画得极其活跃生动,因为他受美国动画的影响,他是中国研究动画的前辈之一。而张光宇擅长画人物表情,因为他同时也是漫画家,他笔下的孙悟空表情惹人喜爱。

图 9-4 是大闹天宫的一个小的画稿,是我前不久在北京嘉德艺术中心观看《为了前方——张光宇艺术 12 燃》时拍的照片,网上也有这张图片。当然现在可以在网上看见电影《大闹天宫》了,我们在课后可以在网上找到这个片子来看。20 世纪 60 年代,那时没有电脑,制作动画片时,画师是先画在透明的塑料片上的,然后把颜色涂在塑料片上,灯光从塑料片反面隔着磨砂玻璃打出来,再用照相机在正面拍出来。所以它是画在一张一张的塑料片上的,我们拍摄彩色胶片是一拍就曝光,然后洗出来制成电影胶片的。一张一张画上去,然后再拍,每一分钟动画要画 24 张图,这是很不得了的大工程。《大闹天宫》就是万籁鸣领导一批画师手工画的。

万籁鸣是中国最早拍动画片的,1925 年他就拍了一个关于打字机广告的动画电影,是当时在播放电影之前先放的一些动画片广告。1926 年,他在长城画片公司拍了一个叫《大闹画室》的动画,那时候的动画都是短片,可能就几分钟,正式的动画片电影超过 60 分钟的就是很长的片子了,制作要用好几年时间。

20 世纪 60 年代有部动画电影叫《小蝌蚪找妈妈》,钱家骏是技术指导,现在他已经去世了。大家一看图 9-5 的虾就知道像齐白石的风格。这个是集体创作的,在介绍里面也说取材于齐白石,而且还有小螃蟹、青蛙等,都是取材于齐白石的。这也是艺术家合作的成果。

另外,钱家骏先生还导演过我国的一部动画片《牧笛》,也是国画

图 9-5
动画片《小蝌蚪找妈妈》剧照

图 9-6
《虾》齐白石

风格的动画片。大家可以看到,《小蝌蚪找妈妈》中的青蛙和蝌蚪同齐白石先生画作里面的一些造型都是非常像的,也都是借鉴过来的。所以,《小蝌蚪找妈妈》中青蛙和蝌蚪的画法完全都是齐白石创立的。这部动画片是 1962 年上映的,而齐白石先生是 1957 年去世的,我们的《著作权法》出台得很晚,《著作权法》是 1990 年才公布的,2020 年进行了第三次修正,2021 年 6 月 1 日第三次修正的《著作权法》才开始生效。新修正的《著作权法》对一些电子作品的著作权加强了保护,要不然法律还有很多漏洞。

我们再看一下图像衍生的情况,达·芬奇的《最后的晚餐》,是画在意大利米兰圣玛利亚感恩教堂的墙上。大家可以看到原画已经很斑驳了(图 9-7)。清华大学办过达·芬奇手稿的展览。达·芬奇是博物学家,他画过很多很多图,他出版过一套手稿叫《哈默手稿》,该手稿在拍卖的时候,被比尔·盖茨花3000多万美元买走了,比黄金还贵。中国出版了翻译版的手稿。达·芬奇对生物、机械的各种原理都有研究。他做笔记有一个方法是,把字母都反着写,因为他怕别人抄他的笔记。还有就是所有东西他都能画图,他的画图能力非常强。光写文字没画出图来,别人在制作的时候就不知道怎么做,而他连图都画出来了,很直观,别人在制作的时候就很好做了。

我们中国也有这样的人,只不过国内宣传得太少了。中国第一位画家中的博物学家就是陈师曾。他曾到日本留学,回国之后,在南通师专教书,他教的课是博物学,不是美术。教了两年博物学,到北京以后才开始画画。

图 9-7
《最后的晚餐》
[意]达·芬奇
1495—1498 年

图 9-8　　　　　　　　　　　　图 9-9

另外，丰子恺先生也是一个文化杂家，他曾到日本学习音乐和油画，后来他又改成画漫画。但他回国以后还是教严肃的绘画课和音乐课，他是中国第一个翻译《源氏物语》的译者（图 9-8）。大家知道《源氏物语》的版本在中国有 30 个左右，咱们图书馆大部分版本都有，但是我花时间比较了一下，还是丰子恺先生翻译得最好。他还翻译了屠格涅夫的《猎人笔记》（图 9-9），他是从 50 岁开始学俄语的。

我现在问一个问题：为什么那个时候的艺术家这么多才多艺？ A. 天生的百科全书式的人物；B. 为了养家糊口；C. 兴趣广泛；D. 精力旺盛。

我选 B，为了养家糊口。我认为陈师曾先生也是为了养家糊口。大家要注意旧社会的背景，他家孩子特别多。他一个人做一份工作不够养活一家人，所以就同时做几份工作。比如白天去上班教课，晚上回来画画，他音乐也教，油画也教，国画也教，语文也教。学校缺什么老师他就教什么。所以一天从早到晚都在忙，就为了多挣一点钱，以便养家糊口。

图 9-10

《蝶恋花·萼绿灯前迷彩凤》

——陈师曾

萼绿灯前迷彩凤。几日东风,细扫胭脂冻。残醉未消寻好梦。流云暗结游仙鞚。

才说倾城声价重。一样年华,自把芳菲送。春色鹅黄聊与共。无情花影天衣缝。

过去的大学教授们,像西南联大的闻一多先生,他在昆明就在家里挂一个牌子,给人刻章,按字收费。我父亲曾经是那里的学生。一个大学教授应当是有足够的工资的,但是战时困难,工资很低,物价高,养不活一家人,就要靠刻章再赚点钱。能画画的,就画画赚钱,能做什么就做什么赚钱,补贴家用,光一份工资是养不活全家的,这是当时的情况。

大家看看陈师曾的画(图 9-10),可以看到他的画风格和西洋画很接近,他也刻章,还会作诗。

接着,我们看看《最后的晚餐》会衍生到什么程度。图 9-11 是后来临摹的清晰的作品。

《最后的晚餐》为什么不受著作权保护了呢？原因是什么呢？我的理解是，达·芬奇的《最后的晚餐》没有著作权，或放弃著作权，不是年代久远的原因，而是宗教的原因，教会希望它传播得越广越好，这样信徒就会增多了。

在达·芬奇以前，"最后的晚餐"在《圣经》中是个故事。犹大把耶稣出卖了，换了金币，然后耶稣说在你们12个人里面有一个是出卖我的人。吃完饭以后，耶稣就被罗马的士兵带走了，从教堂背着十字架，一个教堂一个教堂地走，结果走到最后一个教堂的时候把他钉在了他背着的十字架上面。大家如果到耶路撒冷都会走那条路，那条路叫苦路，因为他背着十字架，罗马士兵还不停地用鞭子打他。

图 9-11

之前有这样的构图：耶稣与信徒们隔着马蹄形的桌子或圆桌，面对面地坐着（图 9-12）。但是今天提到《最后的晚餐》，大家想到的都是达·芬奇的，不再提我前面说的这些画了。这是为什么？

有人认为达·芬奇的画还原度最高，但是谁知道耶稣长什么样呢？弟子们长什么样呢？实际上他画中的形象都是大街上找来的。他找了一个很英俊的 28 岁的小伙子来作为画耶稣的参考形象，而耶稣那时候已经超过这个年龄了。而犹大，他是到监狱里去参照犯人的形象来画的。据说教堂的主教老催他快点画，因为他画了四年多还没画完。达·芬奇被催急了，说你要再催我，我就把你画成犹大，主教就不敢催他了。

这幅画为何有名？大家再想想吧，今天我不说答案，我也不出选择题了。你们一定要想一想它为什么有名，而且后来以它为原型的衍生作品有各种类型，有政

图 9-12

治人物的、有动漫的、有拍成电影的、有照相的。反正只要摆上这样的姿态，弄一张长条桌子，就知道原型是《最后的晚餐》，就会想到这个故事。另外还有医生的、大学生的，等等。

这当中没有版权问题，但是有商标问题吗？教堂为了宣传宗教而愿意传播，不需要版权保护。但是我们国家的一些公司用"最后的晚餐"字样注册饲料类、食品类、饮料、方便用品、酒、布料、床单之类的产品的商标，其实是不搭的，比如，食品类的，人吃了以后就叫"最后的晚餐"了，这跟我们长命百岁的愿望根本就不相符，不符合中国的文化观念。尽管如此，商家还是争着注册，也许越逆反，越吸引人？真是难以理解。那么这个衍生作品侵权吗？可以说不侵权，因为教堂愿意宣传宗教，衍生品也在间接宣传宗教的故事，因为人们会想到耶稣最后的晚餐的故事。

再看另一幅，《蒙娜丽莎》（图9-13），这也是被仿制和衍生出无数作品的画，考证工作简直能写好几篇博士论文了。它的衍生品非常多，首先，第一个衍生品是杜尚的，他是达达主义的代表人物，他在1919年画了一幅（图9-14），其他什么都不变，就加了胡子，这非常奇怪。

达利也演绎了这幅画，他把自己的形象画上去，然后让摄影师去拍（图9-15）。美国摄影师菲利普·哈尔斯曼讽刺他，说他手里抓的都是钱。因为达利是在拍卖市场炒作自己最卖力的一个人。有人认为他的画实际上没什么意思。也有人认为，他的作品有意义，这是各自审美的不同，我在此不作解释。

20世纪50年代拍过名为《蒙娜丽莎》的电影，1959年获得金棕榈奖，2003年又拍过《蒙娜丽莎的微笑》，美国著名演员朱莉娅·罗伯茨演的。此外，还好几次发行了相关邮票。

还有这样的图，信息图，做分析用的，通过放大镜可看到蒙娜丽

图 9-13
《蒙娜丽莎》[意]达·芬奇 1503—1517 年
图 9-14
《带胡须的蒙娜丽莎》[法]塞尔·杜尚 1919 年
图 9-15
《达利的自画像》[西]萨尔瓦多·达利 1952 年

莎眼里有不同的字母。还有的是在原画上再作画,这样层层叠叠,只要画一个人,然后那样搭着手坐着,没有鼻子、眼睛都不要紧,观赏者一看就知道改编自《蒙娜丽莎》。

还有人用梵·高的画法来画蒙娜丽莎,有大笑的,有换成动物的头的,还有改变了姿势但是保留原画头部的,等等,但一看也知道是改编自蒙娜丽莎(图 9-16 — 图 9-22)。

这些作品侵权吗?教堂不保护,没有教堂的问题,达·芬奇也不在了,没有答案。所以我们只能理解为是善意的改编。可见法律的底线在此好像是没有

图 9-16 — 图 9-22

了。我们用这种方法扩大了它的知名度，使它变得更广为人知，喜闻乐见。可以这样理解吗？所以我们大家就都可以这样做了，这样做不是被侵权，而是被人追捧，是别人喜欢你的一种方式。

我们看达·芬奇的另一幅画，这幅画的知名度比《蒙娜丽莎》差一点，但是画的技巧非常高，比起《蒙娜丽莎》一点都不逊色，叫《抱貂女郎》（图 9-23），一个女孩抱着一只白貂。但关于这幅画你就几乎找不到什么衍生的作品，包括变形在内的各种衍生品都没有。

我要问的问题是，同样是达·芬奇，同一个时

图 9-23《抱貂女郎》

［意］达·芬奇 1485—1490 年

代,同样是一幅肖像画,同样是比较好看的少女或者一个妇女的肖像,为什么《蒙娜丽莎》就被人衍生出这么多作品?而这个《抱貂女郎》几乎就没有?

有人说是知名度的原因。比起大家都知道的《蒙娜丽莎》,《抱貂女郎》知名度确实不高。

我们再看备选答案吧。A. 名人带头制作衍生品。达利是名人,杜尚是名人,他们都是当时美术界的领袖级人物。B. 衍生品做得风趣、好玩。C. 衍生品的展出平台很高端。D. 衍生品符合时代的潮流。

多数同学选择了 A,我同意。名人带头做衍生画是广泛制作衍生品的引爆点。

我们再看一个中国的例子,这是 20 世纪 80 年代在中国美术馆展出的一幅画,叫《父亲》(图 9-24),是四川美院的画家罗中立先生画的,后来他当了院长。

图 9-24 《父亲》罗中立

他和我们北大关系比较好。有一个香港律师仇浩然先生帮忙——仇浩然也是我们的校友,他出资把四川美院每年度的毕业生的获奖作品、获奖人和院长请到北大法学院来办获奖展,连续两年在北大办获奖展,我本人也去致辞。我很尊敬罗中立先生,因为这幅画第一次展览的时候我是到美术馆看的,画很大,也很细腻,很经看,我站在画前感觉很震撼。

为什么这么震撼呢?我多说一句,因为在此之前,所有这么大的肖像画的题材都是毛主席。真的没有人给老百姓画这么大画像的,罗中立先生突发奇想,把一个农民画成像领袖像这么大的画像,在当时确确实实是突破。20 世纪 80 年代刚刚改革开放,这样画画是很大胆的。后来这幅画再展出的时候,旁边都要站着保安,因为知名度太高了,怕人弄坏了。

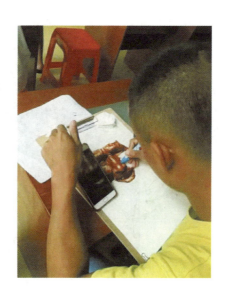

图 9-25
《父亲》衍生品
林炟

我们先来看一下衍生品。图 9-25 中一个青年用彩色圆珠笔在临摹《父亲》,他叫林炟,1996 年出生。他画了一个月,用的是高光笔、彩色圆珠笔和水彩纸。可以看到一开始起稿是这样的,之后用手机将原画的细节放大来看,然后一点点涂出来,画得几乎一模一样。这孩子没有专门训练过,他的一个小学美术老师觉得他有画画的天赋,就教他,然后他就愿意画各种各样的画,以致他还画了人民币。这个有点违法,他可能不知道有关法律吧?《中国人民银行法》第三章有规定。这个青年人不但画了很逼真的人民币,还在网上晒出来,真是个孩子。人民币是不允许画的,也不允许复印。但是这个孩子给画出来了,他就是愿意画这种精细的东西。

请问这个侵权吗?罗中立先生还有著作权呢。他

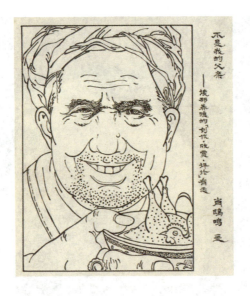

图 9-26

画得一模一样。如果事后还展览和出售了,即使不获利,也获得了好名声。这是侵权吗?还是扩大了罗中立先生的影响,帮他提高了知名度?今天我们留下这样一个问题,请大家回去思考。

图 9-26 是用毛笔画的,碗里是只鸡,此外,还有雕塑等一系列衍生作品。这是侵权吗?构图完全是人家设计出来的,换一个样子,换一个人就可以吗?这个问题就很复杂了,如果因此获利,就会很麻烦。

我们再看《戴珍珠耳环的少女》。图 9-27 是原画,图 9-28 是电影角色的照片。

荷兰画家维米尔靠画画为生,经常被委托作画,他的画都不大。有人委托他画了这幅《戴珍珠耳环的少女》,画了之后他舍不得给人家了,他太喜欢了,虽然拿到了钱,但是迟迟不给人家画。他很早就去世

图 9-27 《戴珍珠耳环的少女》

图 9-28 电影《戴珍珠耳环的少女》角色照片

了，但是也不知道为什么，这幅画的衍生品多得不得了。甚至将小动物拟人化来模仿这幅画，而且什么动物都有，只要弄成这样的颜色，弄成这样的脸，这么一扭头就是原画的样子。这是非常奇怪的现象。他还画了《倒牛奶的女佣人》，这幅画也很有名，但是好像一张衍生品都没有。

同是一个画家画的画，两幅画的知名度差不多，为什么《戴珍珠耳环的少女》就被人几百次甚至几千次地衍生创作，而《倒牛奶的女佣人》就没有？请大家思考一下这是为什么？

维米尔是因为生病和饥饿而死的，但是这幅画给其他人带来无数的财富。只要到了荷兰，到任何一个礼品店里去看看，碟子、碗等纪念品上全是《戴珍珠耳环的少女》，各种各样的，你不想看都不行。

我们再看，二维的画面也是如此。图9-29是列宾1882年画的画，叫《不期而至》，也叫《意外归来》。这是一个被流放的犯人，他突然从流放地回来了，他的妻子很多年没见他了，惊讶地站了起来，孩子们还躲闪着。这是二维空间的画面，有门外头站着的人和门内站着的人。西班牙画家委拉斯凯兹的《宫娥》，是三维空间的画面，构图非常巧妙，画的中心是一位小公主，还有她的两位女仆，她的父母实际上是在画中的镜子里。这幅画很大，画里的人都很小，我在现场看过，在西班牙普拉多美术馆。

《宫娥》《蒙娜丽莎》《夜巡》被欧洲传为最神秘的三幅画，因为都有很多不好解读的地方，因此衍生画作也很难。

《蒙娜丽莎》看起来比较简单，没有什么空间的问题，这个背景也没有什么问题。有人说眼睛里有字母，要拿放大镜看，一般人不会离那么近看的。有人说画了四层，需要用仪器分析，一般人也不用仪器，那为什么还那么有名？《宫娥》有三维空间，比较复杂，还可以解释。《夜

图 9-29 《意外归来》[俄] 伊里亚·叶菲莫维奇·列宾 1882 年

巡》是伦勃朗画的,里边也充满了无数的谜。

现在四川美院的院长庞茂琨先生把《宫娥》临摹出来了,把自己画进去了,取名《被直播的现场》(图 9-30)。这个侵权吗?

衍生品是对原作的拓展,还是衍生品站在了巨人肩上,让衍生品的作者更容易出名呢?我们的法律到底保护什么呢?

世界上第一部著作权法是 1709 年的《安娜女王法令》,其中已经规定,对未完成的或未印刷的图书,作者享有 14 年的制成图书的专有

图 9-30 《被直播的现场》庞茂琨 2017 年

权,取得作者授权者、出版商、印刷商,都可以享受这个权利。未经权利人或所有者许可印刷或销售,都构成侵权。因为那时候还没有照相机,侵权的图书将被没收,并且每一页要罚一便士。

安娜女王是第一次在法律上承认作者对自己的作品有印刷出版的支配权的,受保护的不仅是文字,还有图画。使用这个权利不再需要王室许可,作者许可就可以。

我们今天再看这些图像，可以看出侵权的界限到底在哪里吗？是侵犯原作者权利吗？大部分同学都不认为是这样，认为这样的衍生和这样的变形是善意的，可能不违反著作权法。

所以我们再看一下，最后侵犯了谁的权利呢？是原作者的署名权吗？达·芬奇创作了《最后的晚餐》和《蒙娜丽莎》，维米尔创作了《戴珍珠耳环的少女》，罗中立创作了《父亲》，这样的形象被不断地使用，仍然使用原作的名字，每幅画都是有商业价值的。

这样的衍生之后，究竟谁获得了收益呢？是原作者吗？恐怕不是，有的原作者已经不在世了，在其作品被衍生的时候可能根本不知道。是出版商吗？出版商也可能不知道。是经纪人吗？也不一定。

所以变形的或者衍生的图像的效果是双重的。一方面，它扩大了原作的传播范围，使原作的知名度更高。在座的可能没有人去看过达·芬奇的《最后的晚餐》原作，我也没去过那个教堂，也没有看过维米尔的《戴珍珠耳环的少女》原作。我看过在中国美术馆展出的《父亲》，其他的原作我都没看过。但是后来我看到了一些变形的作品，我不会像看到原作一样震撼，可能一笑而过。但要看到原作，感觉就不一样了。我在卢浮宫看过《蒙娜丽莎》，但是根本挤不到跟前去，画很小，前面挤满了人，就只知道前面挂的是原作。另一方面，它无偿分享了原图作者的创造性劳动成果，获得了名利收益。

图 9-31 《夜巡》[荷] 伦勃朗 1642 年

因为原图的创作者的创作是独一无二的，后人再想在原图的基础上创作，都跳不出原图的构图。那么后者在使用原作的时候就减少了很多劳动力。包括曾梵志的构图，就已经借鉴了达·芬奇的，站在巨人的肩膀上。

最后谈谈著作权收益的转移。由于对演绎作品的规定，对原作者的保护力度不够。我们去临摹一幅曾梵志的《最后的晚餐》。画里人物都戴上红领巾，把手画大一点，吃西瓜，行吗？这肯定是不行的，他的经纪人和律师肯定会来找我们的，他的律师会说："先生，你这个不成啊，戴红领巾的人构成的《最后的晚餐》有先例了，而且拍卖的买主也不会同意的。"

所以大家要读一读新修改的《著作权法》，看看这个衍生别人的艺术作品的问题在今年解决了没有。如果没有解决的话，我认为这件事情对原作者真的不太公平。

第十讲
图像与审判

GRAPHIC AND LAW

图 10-1
獬豸

图 10-2
包拯像

如果只有文字，我们很难想象几千年来人类审判同类是怎样的场景。可能是当成异己、异教或者当作敌人来审判，还可能当成嫌疑人来审判，人类在历史发展过程中变化非常大。除了文字，古代的审判还被图像记录下来，比如以图画的形式。如果没有这些图画，我们想象的古代的审判也许是完全不同的，这里还不包括中国和国外在法律方面的图像差别很大的因素。

一个是我们很熟悉的中国最早的代表法律的图像獬豸（图 10-1）和包拯像（图 10-2）；另一个是西方的正义女神的形象。中国几千年来都是一人独审制，由县官或者司法行政官一个人审判，但是在埃及的墓里，我们发现了一些关于审判的图像，是有陪审团的，有天平、神兽来帮助审判。中国是县官一个人审判，而罗马的审判会有很多人发表不同意见，然后投票表决。

把法律刻下来并公布出来的做法，早在公元前

图 10-3 太阳神沙马什手持法典向汉谟拉比王授予权杖　　图 10-4

1776 年就有了，现存最早的法典——《汉谟拉比法典》就被刻到石柱上面，现在这个石柱在法国的卢浮宫（图 10-3）。过去学法律的人主要研究这部法典的文字内容，很少研究这部法典上部的图像。这个图像由两个人物组成，一个坐着、头戴神冠、右手持权杖、左手持法典。一个戴着头盔的人站着，正在接受权杖。坐着的即是太阳神（政之神）沙马什，站着的是汉谟拉比王。这个图像表示：法典与权力是结为一体的，而且是神授予的。《汉谟拉比法典》使用的是楔形文字，北大东语系还有教授研究，还可以知道法典的意思。在埃及可以看到一些旅游产品，包括埃及人的莎草纸画。莎草纸是一种植物制品。大家可以看到一些描绘法律审判的画里有鹰、狐狸、水鸟，天平上也会有不同的东西。上面是埃及的象形文字，埃及的象形文字比较复杂，这些文字现在都不用了。西方历史上也有过一些很奇怪的审判，有蛋糕审判，还有走火刑审判，让两个被告从烧红的炭上走过去，如果脚没有被烫伤，就证明这个人的陈述是真的，被烫伤的那个人肯定受到了神灵的惩罚。中世纪还有人判过一头猪死刑，这些都留在了画上，今天我们还可以看到。那个时候也会找一些动物来审判，动物对着谁走过去了，谁就是错的一方。就像我们的神兽獬豸一样，角指向谁，谁就是错的一方。

欧洲公布法律的时间和我们公元前 536 年铸刑鼎的时间差不多，公元前 449 年《十二铜表法》出现在罗马。它规定得非常详细，十二块铜表镶在墙上，老百姓可以看到法律（图 10-4）。法庭外也会有人一起讨论案件。

所以有很长一段时间是由宗教法庭负责民间审判的。拜占庭圣维托教堂中的壁画表现的是比较早的宗教审判。那时油画还没有发展起来，都是用彩色的石头拼成的画面，但是你可以看到它已经具有了西方后来绘画的所有特点。

从 1535 年开工到 1541 年结束，花了 6 年时间，米开朗基罗在罗马圣西斯廷的小教堂的墙壁上，画了《最后的审判》（图 10-5）。中间很健壮的白人是上帝，边上是圣母。他把教堂四个天顶画完之后，还有一大面墙，最后他全部画完了。画的时候，人们发现画中的人都不穿衣服。但是揭幕的时候，大家一看，神也没有穿衣服。这被认为是对神灵的亵渎，神怎么能都不穿衣服呢？教徒都不结婚的，让神灵裸体面对公众那怎么行？教皇就让后来的一个画家画了一些布条遮挡身体，这些遮着布都是后来助手帮忙画的。因为当时米开朗基罗的身体已经非常虚弱了。这个后来补画的人遭到了大家的耻笑。最被大家耻笑的就是那位保守而愚昧的教皇。

米开朗基罗是个天才，他活的时间比拉斐尔长很多，他的雕像也做得非常好。这些雕像大都是裸体的，肌肉表示人的健壮。因为他回顾罗马时期的情况后发现，当时的人都是秀肌肉的，事实上人体也确实很

图 10-5
《最后的审判》[意] 米开朗基罗 1534—1541 年

健美。大家仔细看雕塑人物的面部表情,十分生动,他真的是艺术天才。如果站在下面去观赏它,会非常感动的。如果是学艺术的,会更有感觉。

顺便提一件往事:

1979年北京首都机场一号航站楼建成,墙面很大,又没有钱装修,就打算画个壁画装饰墙面,于是就请了当时几位著名的画壁画的画家——张仃先生、袁运甫先生、袁运生先生等人。这些画家设计了四个方案,最终选定了其中一个方案,就是袁运生先生的《泼水节——生命的赞歌》,这幅画面积非常大,大概500平方米。

壁画中有三个泼水的傣族姑娘是裸体的,刚揭幕的时候没有什么争议。但是少数民族同志说,在西双版纳,人们过泼水节是穿着衣服的。把泼水节的场景放到机场去,还不穿衣服,让人们这么看,我们是不能接受的。

当时的领导把袁运生先生叫到办公室,说:"对这张画少数民族群众有点意见,你是不是可以改一下呢?"然后袁先生对领导说了一句话:在罗马圣西斯廷教堂,米开朗基罗画的《最后的审判》就被教皇要求改了,所以那个教皇被骂到现在。你要想改,你就是那样的教皇,我宁死都不会改。

那位领导不坚持,也不固执,最后妥协了。当时领导们都非常明智,要尊重少数民族的同志。领导又不能和群众对立,要尊重民意。所以想出一个折中方案,用一个屏风将这部分画面挡住。这屏风贴得非常紧,根本就看不见被挡住的画面。我本人去看过,确实给挡住了,从侧面看也看不见,挡得非常严实,像个盒子一样扣在那儿。就这样过了10年,直到1989年才打开。后来一号航站楼不用了,准备拆了,就把壁画一块一块切下来,取下来放在箱子里,看以后在哪儿可以用再贴上。现在人们思想开放多了，也无所谓了。这个故事说明，我们中国对艺术画面的理解和审美也是在不断争议中走过来的。

欧洲中世纪有一段时间非常奇怪，人们对女巫进行审判，为什么这样呢？因为当时有很多天灾人祸，比如鼠疫等，有些地方发生灾害但是又解释不了，群众就会怨恨政府。于是有一些宗教人士说，这一定是出现女巫了，是这些女巫作怪。有人还写了书，教人如何鉴别女巫。当时大家走在街上看哪个女的不顺眼，就会说她是女巫，突然之间把这个女人抓起来，然后审判她。审判的时候"女巫"根本就没有辩护的机会，然后就被烧死了。在很短的时间内，欧洲差不多有10万名妇女被当作女巫处死。审判女巫在宗教中、在人类的司法审判史上都是一个巨大的耻辱，后来人想不明白，人类怎么会愚昧到这种地步？

当时宗教审判女巫以后，一定要用火刑，还一定要在广场上进行，让民众去看。

请看，图10-6中就是把人绑在柱子上，把木柴堆在下面，把人活活烧死，还让很多人去观看。也有在猎杀女巫的时候把人吊死的（图10-7），还有把人扔到河里淹死，以及五马分尸等情况。一些石版画、铜版画、油画将这些场景记录了下来。

图10-8是西班牙很著名的画家戈雅画的《宗教裁判所》，作品描绘的是西班牙宗教裁判所的审判场面，戴尖帽的几个人是被告。在图10-9中，我们可以看到审判女巫的时候有闪电，有的人要拔刀，有的人吓得趴在地上。正是因为这些画，让大家可以看到宗教裁判中一些很残暴的现象。

伽利略在法庭上接受审判，是因为他提倡日心说。在此之前人们认为地球是中心，他观测后发现并不是，因为那时已经开始有望远镜了，望远镜已经能看见很远的星体。而且他发现星体上并不是光辉灿烂的，

图 10-7

图 10-6

图 10-8 《宗教裁判所》[西] 弗朗西斯科·戈雅 1812—1819 年
图 10-9 《审判女巫》

其实都是坑，他就开始怀疑。但是由于伽利略是个虔诚的教徒，他在法庭上虽然坚持日心说，但他自己做了很巧妙的解释，最终没有被烧死，只被判入狱。这是他第一次在法庭上被审判。克里斯蒂亚诺·班蒂在1857年画过伽利略被审判的场景。

还有一些宗教人士会被处以酷刑，当时以教皇为首的天主教会非常有权威，如果本人不认罪，就反复用酷刑来拷问。最后人承受不了的时候，就什么都承认了。承认以后，就不需要再审判，直接绑到火刑柱上烧死。

因此，教会能够控制人的思想，禁锢人的思想，不让人反对宗教那些说法，甚至反对科学的说法。提倡科学的人都被认为是异端、异教，都要被处死。其中最典型的被处死的人是布鲁诺。布鲁诺是个教士，但是他相信日心说，并且表达得比伽利略更为直接，他不承认错误，他始终坚持，宁死不屈，所以被处以火刑。1600年2月17日，在罗马的鲜花广场（后改名布鲁诺广场）上，他在公众面前被执行了火刑，教廷杀一儆百，这样大家就都不敢相信日心说了。300年以后的同一天，人们在布鲁诺广场上竖起了布鲁诺的铜像，代表300年的反思，以此也能够看到人类对曾经犯错的记忆。

我国最早的法律也是不公开的，只有官员和贵族才可以看到。加上当时识字率很低，老百姓不知道法律是什么。竹简出现得非常早。在湖北省云梦县，发现了湖北云梦睡虎地秦简，距今2000多年，是1975年发现的（图10-10）。当时我们看新闻还有一些报道，觉得是一件很大的事情，因为发现了秦朝的法律文书。在古墓里的，不是什么金银财宝，而是刻有文字的竹简，珍贵得不得了。

大家可以看到，这些字和今天的书法家写的一些字体很相似。这是一件非常有意义的事情，中国文字2000年都没有断过，这在全世界都是极为罕见的。英文不过1000年历史，因为欧洲以前是用拉丁文，现在日常已经不用拉丁文了，只有少数研究语言学的人才用。

公元前536年，郑国子产下令将刑书铸在鼎上。这个鼎已经找不到了，图10-11只是一个示意，不太准确。子产坚持一定要将法律公布，当时有两种意见，一是不公布，二是公布。不公布的理由是"法不可知，则威不可测"；公布的理由是"王子犯法与庶民同罪"，所以必须公布。

秦代没有纸，即使有纸，也没有保存下来。但是当时刻的砖被保存下来了，刻的石头也是有的，有些刻像在墓里还保存着，现在已经找到了。荆轲刺秦王的故事就有刻石。当时造像工艺技术和当时的国力都高度发达，就是放在今天，这些雕像艺术都不逊色。我去过陕西的博物馆很多次，其中兵马俑博物馆的馆长是北大考古系毕业的，我去了被作为专家，他讲解得特别专业，让我学到了很多知识。

我国的造像技术和古希腊、古罗马的不相上下。后来有一种说法，传说造像时请了西亚的人过来帮忙，所以造像受到了三维圆雕技术的影响。但是大多数人不承认，说没有任何记载有这种情况，还有就是为什么这些雕像里没有一个人长得像西方人。如果真是他们来帮

图 10-10 湖北云梦睡虎地秦简《秦律十八种》（局部）

图 10-11

图 10-12 "立木为信"
图 10-13 秦诏版

忙,那一定会有西方人的面孔。比如唐朝就有这种情况,唐三彩会有波斯人的样子,在人物的胡须方面会有波斯人的特点。这个大家可以去考证。

中国古代也会用绘画讲故事,例如商鞅"立木为信"。秦国出现了法家商鞅,大家知道他要立木为信。商鞅说谁要是把木头从南城门扛到北城门,就给他五十两黄金。老百姓都不相信他下这种看似荒唐的命令。这时来了一个二愣子,把木头扛到了北城门,商鞅立刻就奖励他五十两黄金(图10-12)。商鞅的意思是说国家现在说话是有信用的,国家说了什么,你们只要去办,就有奖励。商鞅废除了井田制、统一度量衡等,因为当时没有纸,秦朝的一些命令,就刻在这种石板上,各种各样的石板,但是不管怎么刻,须有这几个字:"廿六年,皇帝尽并兼天下诸侯,黔首大安,立号为皇帝,乃诏丞相状、绾,法度量则不壹歉疑者,皆明壹之"(图10-13)。当时刻了很多石板,叫秦诏版,刻好字骑马送到各地公布。在秦以前是这样的文字,我们叫大篆,现在一些青

图 10-14 今天的人把竹简放大,做成围墙,在上面刻字,变成"旅游景点"供游客观赏

图 10-15 古代法医勘验现场

铜盘子上还有,到历史博物馆还能看到。

秦朝统一文字,书同文、车同轨、统一度量衡。书同文,文字都统一为小篆。秦朝还有很多文书刻在碑上,还有很多法律文书是写在竹简和木简上的。这些字我们几乎也能看懂。

今天中国人将刻有合同契约的竹简放大做成景观来赚钱。但是学法律的人可能会认为太不严肃了,因为这是法律文书。看法律文书,不能收门票(图 10-14)。

到了汉朝,壁画已经相当发达了。也有画像砖,实际上也是一块砖头。这个时候的造型已经非常漂亮了。大家可以从图 10-15 中看到,这是法医在现场勘验的情况。

我们知道汉朝的法律比秦朝的法律少了很多,但是汉朝的疆域却扩大了。从长安一直到西域都通了。这说明了一个很有意思的问题,不见得法律很繁多、很严密、很严厉,国家就强盛,例如秦朝就是一个例子。反而是在法律很适合老百姓的需求的时候,国家才强大,例

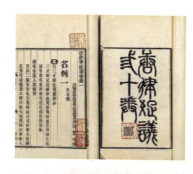

图 10-16 《唐律疏议》（局部）

图 10-17 《步辇图》（唐）阎立本

如汉朝就是一个正面的例子。所以，古人已证明了一个道理："法繁扰民"，法太多妨碍经济和社会发展。

到了唐朝就有了《唐律疏议》（图10-16），大家知道有部法律叫《永徽律》，《唐律疏议》就是《永徽律》的立法解释。

阎立本画的《步辇图》（图10-17）中间坐的是李世民，他在接见外国使节。当时画画很有特点，皇帝的比例很大，仆人的比例比较小，神像也有这样的情况。

王安石变法、苏东坡的乌台诗案也都是一些法律事件。苏东坡好写诗词，人又比较敢言。有人嫉妒他，他给朋友写了诗，朋友从诗中解读出来他对皇帝"不满"，就去告密。实际是误读了苏东坡的意思，皇上就把他抓起来，欲判死刑。

乌台诗案的具体经过是这样的。苏东坡从徐州调到湖州当知州，他刚到湖州就写了《湖州谢上表》给皇上，他说，"知其愚

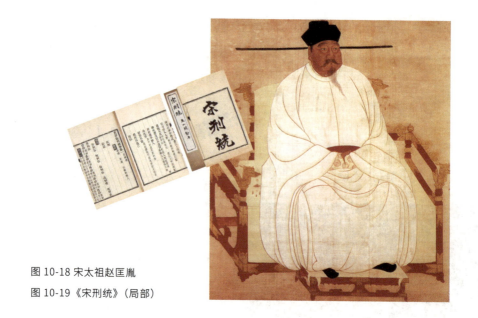

图 10-18 宋太祖赵匡胤
图 10-19 《宋刑统》（局部）

不适时，难以追陪新进"。意思是我适应不了时代的变化，所以我不能跟上你的改革措施。当时王安石变法搞了很多新东西，苏东坡说我确实笨，我跟不上了。"察其老不生事，或能牧养小民"这个奏表现在还保留着。他还写了诗，"老翁七十自腰镰，惭愧春山笋蕨甜。岂是闻韶解忘味，迩来三月食无盐"。别人就把这首诗当作证据指责他污蔑当朝的大好形势，说他管理这么大的地方连盐都吃不上。

图 10-20 是赵孟𫖯画的苏东坡像。赵孟𫖯的书法、绘画都很好，官居一品。

有人说叫"乌台诗案"是因为御史台的案子是乌木做的，还有人说御史台院子里有很多乌鸦，故称御史台为"乌台"。皇上下令把苏东坡抓回来，抓他的时候赶上负责的官员回家看了父母，耽误了两天。这个时候朝廷有人把这件事情告诉了苏东坡的弟弟，苏东坡的弟弟就提前告诉苏东坡这个消息："你马上就要被抓了"。苏东坡不知道往哪儿跑，等待的几天里坐立不安。之后苏东坡就被抓了。

告密者之一就是沈括，《梦溪笔谈》的作者。研究中国科学史的人，对他都大加赞赏。因为他是非常博学的人，他懂医学、天文学、方志学、律学、卜算等。苏东坡和他关系也还算好，但是他人品不好，向皇上告密。苏东坡写诗"根到九泉无曲处，世间惟有蛰龙知"，还有"龚黄满朝人更苦，不如却作河伯妇"，说老百姓太苦了，沈括告密说他污蔑英明的当朝皇上。这是历史书上记载的，人无完人。或者也可以这样解释，他人品不差，因为他最忠于皇上，所以任何说皇上不好的话他都不能容忍。御史台弹劾的时候就说苏东坡"包藏祸心，怨望其上，讪渎谩骂"。

苏东坡的弟弟在外面帮苏东坡打探消息，他与弟弟约定说如果每天弟弟给哥哥送肉和蔬菜，意思是没事，但是送鱼，意思就是被判死刑了。他们用暗号联络，因为不能写字。但有一天他弟弟的钱用光了，没有办法去买肉，就跑到外面借钱，委托一个朋友帮他给苏东坡送趟饭。这个人不知道这个约定，就随便弄了一条鱼送去了。苏东坡一看今天送来的是鱼，以为要诀别了，就写了两首诀别诗。其中一首是这样的："圣主如天万物春，小臣愚暗自亡身。百年未满先偿债，十口无归更累人。是处青山可埋骨，他年夜雨独伤神。与君世世为兄弟，更结来生未了因。"

图 10-20
苏东坡人物像（元）
赵孟頫

狱卒交给了皇上,皇上读后被感动了,都要被杀了,苏东坡还说"圣主如天万物春""与君世世为兄弟"。老皇帝很喜欢他,太后也认为他有才。宋神宗作为新皇帝对他不是很了解。但是老皇帝说过,苏东坡是个才子,不能杀,把有才的人杀了,你会留一世骂名。所以后来神宗把他改判为两年徒刑。

苏东坡还有另一首诗,当时没给皇上,但写得也是非常凄惨。"柏台霜气夜凄凄,风动琅珰月向低。梦绕云山心似鹿,魂飞汤火命如鸡。眼中犀角真吾子,身后牛衣愧老妻。百岁神游定何处,桐乡知葬浙江西。"

后来,苏东坡被贬到黄州当副团练,没有任何权力,也不得批文。但是到黄州以后,他写了首诗,叫《黄州寒食诗》。这首诗的书法也非常好,现存于台北

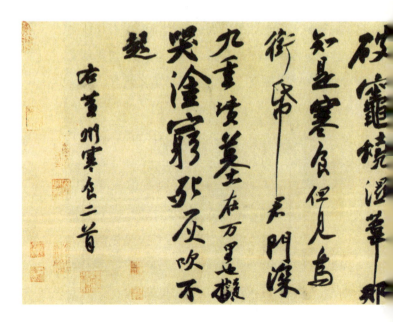

故宫博物院（图10-21），被列为我国第三行书帖，第一行书帖是《兰亭集序》，第二行书帖是颜真卿的《祭侄文稿》。

诗是这样的："自我来黄州，已过三寒食。年年欲惜春，春去不容惜。今年又苦雨，两月秋萧瑟。卧闻海棠花，泥污燕支雪。暗中偷负去，夜半真有力，何殊病少年，病起须已白。春江欲入户，雨势来不已。小屋如渔舟，濛濛水云里。空庖煮寒菜，破灶烧湿苇。那知是寒食，但见乌衔纸。君门深九重，坟墓在万里。也拟哭途穷，死灰吹不起。"讲的是诗人过寒食节的情况，非常凄惨。

苏东坡在书法上很有造诣，在宋代书法家"苏黄米蔡"中排第一。苏东坡到了黄州受难的时候，他的

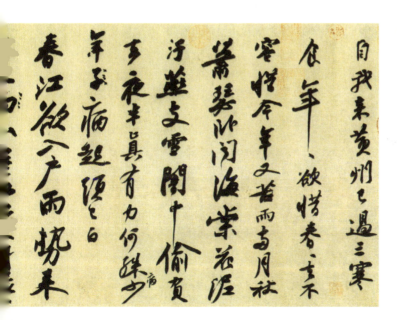

图 10-21
《黄州寒食诗帖》（宋）苏轼

诗已经大不一样了,《赤壁赋》《定风波》就是那时候写的,都是他的代表作。"莫听穿林打叶声,何妨吟啸且徐行。竹杖芒鞋轻胜马,谁怕?一蓑烟雨任平生。料峭春风吹酒醒,微冷,山头斜照却相迎。回首向来萧瑟处,归去,也无风雨也无晴。"此时经过乌台诗案,他的诗词意境更加高远了。《临江仙》也非常有名。苏轼的代表作品,大部分都是那时写的。而"明月几时有,把酒问青天"是他在非常高兴的时候写的,但是他高兴的时候很少。

苏东坡经过乌台诗案也留下了很多有名的作品,是诗人不幸时的真情流露。上述情况说明,如果是豁达之人,在经过冤案之后,诗文更加有思想深度,艺术境界也更高。冤案中受的苦难都变成了他们的精神财富。

宋朝的法律,可以说已经相当繁复。宋朝的街景繁华、商业发达。如《清明上河图》,画很壮观、复杂、讲究,画了将近1000人,还有楼船、草木、马牛、山水等,而且画得非常细致。有学者研究此画,认为画面已显露出危机,后来的历史发展也证明了这一点。

图10-22
沈家本先生
图10-23
《大清律例》(局部)

到了清朝，有著名的法学家沈家本（图10-22）。沈家本的孙子沈厚铎，是中国政法大学的教授，他有一天打电话找我，说他把他爷爷的著作都整理出来，印了以后要捐给北大图书馆，找我联系捐赠事宜，我很感激他。

当时西方的法律开始逐渐影响我国，当时的照片（图10-24）上，被告在底下跪着，有洋人在场。清朝留下了很多与法律相关的图像，如图10-25，嫌疑人由县官来审，屈打成招是很常见的，还有当事人互相指控的，等等。

判处的刑罚有杖五十或杖一百，杖一百的，人可能就被打死了。

戴枷锁是一种酷刑，斩首也是刑罚。北京菜市口就是著名的刑场。莫言的《檀香刑》写得非常好，我认为是他的代表作。

曾经朋友介绍见到莫言先生，我问他，写小说是每次把一个故事都想好了再写，还是说有一点想法就开始写？他说，有一点想法就开始写，他会带着稿纸，回到老家山东高密。他不在北京写，在北京不行。回到高密之后，当地领导对他很照顾，给他找一个地方住，别人不能打扰他。他每天在那里写5000字，都是用手写。第二天读，读了感觉不满意，重写。直到写完小说，再背着稿子回北京改。

我看过他写的多部长篇小说，他只比我年长一岁，已经写了十几部长篇小说。像这样高产的作家，在我国

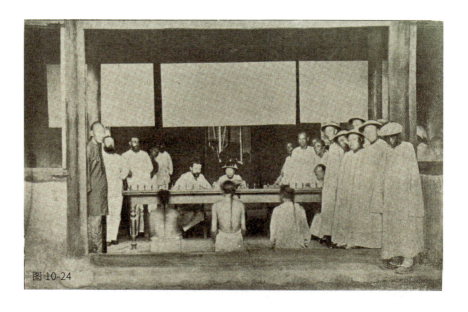

图 10-24

图 10-25

还有几个人,其中一位就是贾平凹,他写过二十几部长篇小说,简直是奇才。长期有创作能力的人,真是不得了。

清朝的刑部就在西单丁字路口那里,叫豹子街,现在已经没有了。当时刑部对面是几家商店,执行斩首的菜市口现在变成百货商店,卖黄金首饰,而且菜百的黄金价格还是一个指标性的价格。当初这是杀人的地方,现在卖金子。当时杀人的地方都在闹市,就是为了让老百姓看到这种图像,在心里对法律产生敬畏感。

在英国的普通法庭,大家可以看到法官戴着假发,是长的假发,律师戴的是短的假发,如此装扮的目的有两个:一是把人装扮成半人半神的样子,使当事人敬畏;二是表示尊贵。大家可以看到出庭律师的样子。我们之前讲过,在法庭不能照相的时候,会有一些相关图画。更早的时候没有照相机,都是用图画来表现的。

我国形成现代诉讼比较晚,大家可以看到当时审判的图像,审判员会认为被告人是阶级敌人,因此就会用枪指着被告人,审判之后就直接枪毙了。而且被告人面对的是群众,审判也都是在公开的场合,而不是在室内的法庭里。也有搭着台子的,法官坐在那里,被告人在他面前跪着,后面有人拿着枪指着他,公诉人和证人可以直接跑到前面,指着他来控诉他的罪状。还会给这些人插上牌子,写上名字,名字上画个叉,这表明本身都定了性,比如说反革命分子某某某。也有搭高台的,审判员坐在台上,两边写上对联,老百姓在下面坐着,也会给被告人挂上牌子,审完了以后就会押到车上去游街,然后押赴刑场执行。

当时王式廓先生画了一幅很有名的画,叫《血衣》(图 10-26),在美术史上极其有名,在审判史上也很有名。他还有很多写生,有铅笔稿,也有几个彩色稿,都画得很好。美术界认为图 10-26 这幅素描稿是

图 10-26《血衣》王式廓

图 10-27

图 10-28

最好的，黑白的显得更为庄重和严肃。

20世纪80年代我们审判的情景是这样的（图10-27）。1984年以前，我们的法官、检察官都戴大盖帽，和警察戴的大盖帽差不多。

刑事审判庭的座位安排也有变化，现在法官坐在正面，公诉人坐在侧面，辩护人坐在另一侧。对这种改变也有争论。检察院也是司法机构，怎么就坐到侧面了，为什么不能和法院平起平坐呢？争论了很久，最后还是说全世界都是这样做的。因为是由法院最终审判，而且检察院是公诉人，说不定还会败诉。另外，法官进来全体起立，检察官进来大家起立吗？这也争论了很久。以前检察官进来也要起立，但是后来就不起立了。大家可以看到，这是法官、书记员、公诉人、被告人的座位安排（图10-28）。

我们还看到过一些这样的法庭，是很便民的，而且并不感觉不严

图 10-29

图 10-30

肃。有炕上的法庭，村子里的法庭，草原上的法庭，船上的法庭，还有在车上开庭的巡回法庭（图 10-29、10-30）。

比较一下美国的法庭，虽然仪式感比较强，但这也是后来才有的。在较早时期的美国西部，法官也是骑马带着枪到村里或镇上去判案的。有时遇到不法分子会开枪，法官会与他们对射，那时当法官有一个条件，枪法要好。现在这种图像在早期美国西部片中还可以看到，如《正午》（*High Noon*）。

1991 年洛杉矶的罗德尼·金案，一个黑人喝酒驾车超速被警察抓住，警察打了他，被居住在路边的居民录下来交给电视媒体播放（图 10-31），结果法官判决警察无罪。洛杉矶黑人就暴动了，发生了打砸抢事件。我们都是从电视图像看到的。对这起案件的具体介绍，大家可以回顾第一讲的内容。

图 10-31

图 10-32 "我不能呼吸了！"

1994年的辛普森案件，影响就更大了。因为辛普森是著名的体育明星，他是非洲裔美国人，处理不好，将引发更大的社会动荡。这个案件的审理过程必须是公开的，全过程都可以录像，电视可以直播和转播。但是不许对陪审团拍照，以保护陪审团成员的安全。

当我们看视频的时候，我们就知道视频传播有多么大的力量，到现在还可以看到"我不能呼吸了！"的图像等（图 10-32）。

我们再看一下，战争法庭中前领导人出庭受审的画面。海牙国际法庭审判前南斯拉夫领导人米洛舍维奇（图 10-33），判他有罪。后来他因心肌梗死死于狱中，他家乡的人用灵车把他的遗体运回家乡，这个地方的人全都出来迎接他。所以这个人是不是罪犯，就算在一个国家内，不同地方的人也有不同的看法。

图 10-34、10-35 是"二战"结束后溥仪在东京审判中作证、宣誓的照片。

图 10-36、10-37 是萨达姆在法庭上受审，他还拿着《圣经》，然后有人制止他。后面的画面都在电视上播放过，我们都看到过。

图 10-34、10-35 溥仪受审画面

图 10-33 米洛舍维奇受审画面

图 10-36、10-37 萨达姆受审画面

图 10-38

图 10-39

图 10-40

图 10-41

2011年5月1日，本·拉登被击毙，24小时内海葬

本·拉登没有经过审判，就被美军海豹突击队打死了。可以看到，当时突击队带着摄像头（图10-38），在白宫的这张照片中还有2021年当选总统的拜登，以及当时的总统奥巴马（图10-39）。但是针对这件事情的真伪，后来又开始争论了，因为非常奇怪，本·拉登被当场击毙（图10-40）以后用飞机运到了美国，24小时内，在美国一个航母上被海葬了（图10-41）。

但是《纽约时报》的一个叫赫尔什的记者提供了一些消息，特朗普也曾说本·拉登还没有死，当时被打死的不是他，那究竟是怎么回事呢？总统说的话，可不是开玩笑，具体是怎么回事，谁也不知道。这些历史图像资料都保存着，留给后人研究吧。

推荐大家有时间可以读一读霍桑的《红字》，书中的女士私自和一个男士在一起了，但是女士已结婚，所以他们违反了一些习俗，因此这个女士被当众惩罚，并戴上标志"通奸"的红色A字示众，而且这个女士要永远佩戴这个代表耻辱的红字。这在当时是一种图像标识，虽然是字母，但更具有图像的含义。

陀思妥耶夫斯基的《罪与罚》、司汤达的《红与黑》、加缪的《局外人》、哈珀·李的《杀死一只知更鸟》、莫言的《檀香刑》等都属于法律文学作品，在这些作品中，作者都是批判法律的，对所有被处罚的人都持同情的态度。而所有施以处罚的人都被作者批判，认为他们是不人道的。所以我总结了一下，纵观人类的审判史，司法从来就不是孤立的，它或者是受宗教，或者是受政治，或者是受文化，或者是受习俗的影响。不同的人对法律的看法也不同，从古至今都有这样的例子。

观察几千年来的司法审判的图像，今天有两点达成共识：

第一，人性的光辉是永远的，其在司法审判的场合中最终得以体现。我们对女巫、布鲁诺、伽利略等的不公审判，以及使用酷刑，包括侮辱犯人的一些做法，都不人性。

现在我们在审判之前，不管他犯了多重的罪，我们都叫他"嫌疑人"，而且我们要遵循正当的程序给他辩护的权利，如果他还是被判有罪，我们依旧不能侮辱他的人格和形象。即使按照法律处罚，也不能再去公开处死这个人。而且为了保护人的身体完整，都用注射的方式执行死刑，不枪毙了。因为家属会说我要的遗体不完整，所以要尊重被告人。

第二，科学和真理最终在司法历史上获得尊重。比如日心说，我们很多科学发现跟宗教教义不相符，但科学还是要受到尊敬，宗教是一种文化，不能违反科学。

所以在司法历史中，人们最终还可以看到，凡是违背人性的、违背科学的司法制度，最终都会被"差评"，我们今天回顾这 2000 年的审判历史可以发现，这些制度都会被抛弃和批判，而尊重人性的做法会获得"好评"。

第十一讲
视觉信息的力量[*]

GRAPHIC AND LAW

---

[*] 本讲作者张纯。

谢谢吴志攀老师的邀请，很荣幸能在北京大学讲课。第一次看到这个命题，我觉得确实很难但也很有意思，其实我也很想知道视觉信息对人本身的意义。我会从生物学的角度来探讨这个命题，权当抛砖引玉。

我是研究视觉科学的临床医生，但是，视觉信息涉及生物学和心理学等多个领域。我们平时的临床工作是为病人留住光明或者使患者在有生之年能够保持有用的视功能，而回答视觉如何影响人类发展却是另外一个话题。

什么是信息？百度百科显示：它是指"音讯、消息、通信系统传输和处理的对象，泛指人类社会传播的一切内容"。归根结底，它就是一个内容、一个对象，并没有明确具体指什么。在生物学上对其有一个明确的定义，当然，这个定义也是不完全的。生物学上通过受体—配体的关系来定义"信息"，从宏观上来说，它是我们的视觉、听觉、嗅觉、味觉，还有触觉等各种各样的感觉所接收到的信号；从微观上来说，细胞内外、细胞之间以及细胞内部都有生物电或化学信号在传递。受体接收信号之后，就形成一系列生物内部的应对以及对环境的应答，形成了生物的本能反应。这就是我们所说的生物信息的接收。视觉信息就是由视觉器官来接收的一种信号。视觉信息的范围非常广，据说人的90%的信息都是从视觉接收的。视觉涵盖了视力、色觉和视野等，有1.0的视力大家都很自豪，但实际上这个人可能没有宽阔的视野。青光眼患者就是这样的情况，

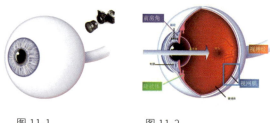

图 11-1　　　　　图 11-2

视力可能达到 1.5，但视野也许非常窄。

通常，大家都拿眼睛和相机作比较，但是眼睛的复杂程度远远超过了相机。相机有镜头，人也有"镜头"，称为晶状体；相机有底版如胶卷或传感器，我们眼睛后面也有"底版"，称为视网膜（图 11-1）。我们的"底版"（视网膜）据说相当于 3 亿多像素。跟数码相机相比，眼睛是更完美、更强大的成像系统，而且，作为眼睛的"镜头"的晶状体，可以瞬间完成调焦。

人的眼睛结构包括角膜、虹膜、晶状体，后面是眼球的内壁，红色的是视网膜，接收光的感应神经都在这里（图 11-2）。

图像在视网膜上形成特别清晰的影像，光线照进眼球，光子到达视网膜最外层的感光细胞，经过特殊的视蛋白将物理信号转变为生物电信号。感光细胞包括视锥和视杆两种细胞，其中，视锥细胞有辨别红蓝绿颜色的三种细胞，视杆细胞只能感觉光，并不能感觉颜色。视网膜中间层有双极细胞、水平细胞和无长突细胞，进一步加工信号，并将其传递到视网膜最内层的神经节细胞，信号在此通过视神经纤维进入大脑。

如果光足够强，那么蛋白会被迅速消耗，这就是所谓的"漂白"的过程。这就是为什么光足够强的时候,有可能让人眼产生一片炫白的感觉。但是这时人眼实际上是看不清楚事物的,就像相机曝光过度,分辨不出这个区域到底有什么。

图 11-3 是一张眼底照片,中间的椭圆结构叫视盘,视神经从四面八方汇聚到这里,然后出眼球延伸至大脑。照片中可以看到一个暗区,叫黄斑区,是视觉最敏感的地方,这里视锥细胞最多,红蓝绿三色在这里得以辨别。老鹰的一只眼睛有两个黄斑,它能够在 100 多米以外分辨很小的运动物体,我们人的左右眼各有一个黄斑,视力不如老鹰敏锐。

图 11-3

自二十世纪五六十年代,视觉科学家逐渐为我们描绘出视觉形成的过程:生物电信号从视网膜到视神经,再离开眼球经过几级神经接力传导(称视路),到达大脑视觉中枢。图 11-4 上有一个蓝色通道,一个红色通道,分别代表了左右侧来源的视觉信号,

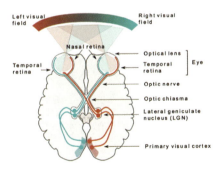

图 11-4

大家可以看到一只眼球中含有来自两侧的信号，经过很长的路，一侧的信号到达对侧的大脑视觉中枢，信号在大脑中的一个部位进行了交叉。这样的话，两只眼睛一起看物体，经大脑皮层整合形成完整的影像。如果一只眼睛视力差，就无法形成立体视觉，没有距离感，所以只有双眼看物体才有立体视觉。当然，有些人单眼看物体时间长了以后，靠经验也能判断出距离，但通常没有双眼看得那么准确。

视觉信号传到大脑的视中枢，解剖位置在枕叶（图11-5）。初级视中枢在图中的紫色区域，那里负责处理信号。大脑在工作的时候需要增加血流，我们曾做过一个实验，在人的眼前放置一个不停闪烁的屏幕，同时用核磁共振测量大脑各个部位血流的变化，发现大脑中动脉和后动脉都有明显的血流改变，血流增加的区域在大脑枕叶。

大脑处理视觉信息的速度非常快，尤其是对图像信号的处理时间都在 100 毫秒以内。如果是标识，有时 150 毫秒就能够处理完成。大脑对文字信息的识别就非常慢，可能需要 200~300 毫秒才能处理完成。比如说苹

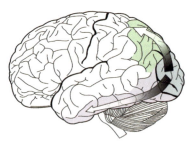

图 11-5
图 11-6

果的标识（图11-6），靠图像直接就全面理解其中的商业含义，但是要写出英文的字来，要念出来，大脑还要把它翻译出来，这个过程就比较长。

识别文字的"困难"除了由于大脑处理比较慢，还有一个原因是，人在读一行字的时候，中间的字是实的，而旁边的字是虚的，要想看全这些字，眼睛需要不停地动，我们称之为眼动。这是因为，人的视网膜是一个非均质感受器，黄斑区是视觉最敏锐的区域，聚集了大量的视锥细胞，而周边视网膜的分辨率较低（图11-7）。因此，目光聚焦的位置清楚但周边模糊，这种生理特性决定了我们阅读文字的时候眼球不断"跳动"的必要性。这种眼动是感觉不出来的，读得越多，眼动就越多。题外话：看书时间长了会疲劳，这也可能是其中一个原因。

接下来我给大家看一下图11-8。你盯住一个区域看，那个区域的点是白的还是黑的呢？盯着看的区域内的点都是白的，而周围的点却是黑的，可去看旁边黑的点时它又变白了，而周围又变黑的了。你要是想看全的话，就需要眼动，才能真正看清楚这个点到底是什么颜色。

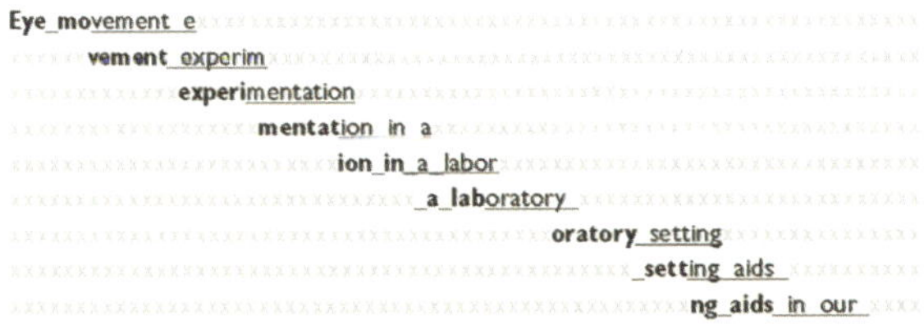

```
Eye_movement_e
    vement_experim
        experimentation
            mentation in a
                ion_in_a_labor
                    _a_laboratory
                        oratory_setting
                            setting_aids
                                ng_aids_in_our
```

图 11-7

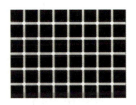

图 11-8

视觉的另一个方面是色觉，大家都看到了这些数字吧？有些人能分辨出，有些人却分辨不出。图 11-9 中的图形和数字是由三原色组成的，通过辨识不同颜色的数字，可以区分出视觉正常者和色盲患者。

大自然生命进化之始，低等的生物体就有接受光线的单细胞"眼点"，而发展到我们人类的"眼"，已经是非常复杂的视觉器官了。光线到达我们的眼睛，会经过角膜、虹膜、瞳孔、晶状体、玻璃体到达感光的视网膜组织，视网膜分 10 层，包含了 60 多种功能各异的神经细胞，已经是非常完美的视觉信息接收器官。

现在，让我们把视角移到人类文明社会。文明是从视觉信息开始的，而图像又是最先发展的。图 11-10 中岩石上的壁画是公元前 4 万多年留下的。

最早没有文字时已经有了图画，可见视觉信息的交流早于文字的交流。到了公元前 5000 年才有文字，而那时的文字也是类似于图画的象形文字（图 11-11）。到了公元前 1000 多年，咱们出现了甲骨文（图 11-12），其实也是靠画面来传递信息的。

音乐也是一种信息交流的方式，但直到公元前 3400 年才有音乐的记载。大家听一听 5000 多年前的音乐，它是弦琴弹奏的。今天我们可以在 iTunes 里听到（曲目名为 Hurrian Hymn No. 6）。

到了 100 多年前才有电影，记录了动态影像。

对于大脑来说，视觉信息越简单越好。人对视觉信息进行认知和交流，从而留下绘画影像，并且世代相传，最后形成一种文化，比如图腾（图 11-13、图 11-14）。今天，我们从画面的特定内容可以找寻到这个生存过的族群。

我们生活中最简单的视觉信号是红绿灯（图 11-15），这是全球通用的视觉符号，代表着"绿灯走红灯必须停"这样一种通用规则。当然

第十一讲 视觉信息的力量 239

图 11-9

图 11-10

图 11-11

图 11-12

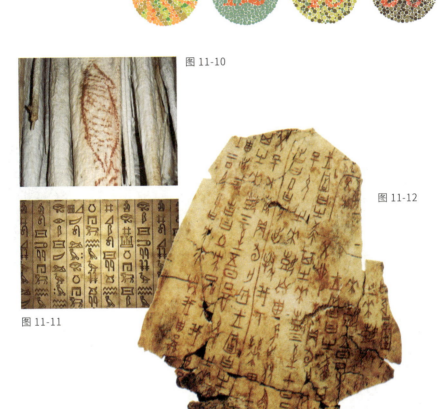

图 11-13

图 11-14

图 11-15

图 11-16

图 11-17

还有一些符号，这些符号也是大家公认的视觉信息，例如钱币（图11-16），这些信息是非常简单抽象的，便于理解。

随着时间的流逝和文化的进步，人们传递的信息越来越复杂。大脑在进化过程中，信息传递功能也进化了。所以可以看到这些精心设计的图像信息，例如麦当劳（图11-17）、肯德基等，这是信息抽象化被工业利用或者被商业利用的例子。

当然，视觉还有心理等方面的信息传递功能，你看到一幅画面，神经接收到这个视觉信号以后，身体会有反应。比如，望梅止渴，这是长期的条件反射形成的。

图像是信息的载体，图11-18这幅古画包含了丰富的内容，我们用眼睛一看，就能感受到里面的信息，但要用语言复述出来就很难了。

此外，图像还包含了具有艺术性和创造性的东西，这些是用普通的语言无法描述的。当然，有些图像还带一点文字，作为一种特殊的引导，或者是能够把信息表述得更加具体，加强图像的表现力。单纯看图片，说明不了什么，加上点文字可能起到"画龙点睛"的作用，如图11-19。

文字描述可以赋予图像信息更多的内涵，因此，文字和图像可以互为补充。举一个例子，图11-20里有树有房子，这是我们视觉上所能接收的所有信息。但是作家就不一样，作家看到这幅画以后，他可能写出一大堆内容，比如生活中的声音、屋里在做家务的人、门前的小狗等。这是作家的思维所分析出来的一些场景

图11-18

图 11-19

图 11-20

内容。我们从视觉上看到的是什么就是什么，但是作家会再增加一些内容，所以视觉如果联系了文字，可能会增加我们视觉所感受不到的内容，它们不一定是真实的，不同的人其想象的内容也不同。

图 11-21 只是一个最简单的花瓶。

而法国艺术史学家尚·雷马利（Jean Leymarie, 1919—2006）心中的花瓶可能是这样的：

图 11-21 《花瓶》
[意] 莫兰迪，1950 年

有时候
一个花瓶便在其孤绝的壮丽中浮现
对着一片或苍苍或雪白的背景
冠以花环
花朵在边缘处卷曲着、颤抖着
或许因为是刚刚被天使摘下
时当盛开
弱不禁风
沐浴在一道来自彼岸的光中

图 11-22

所以，很多视觉影像，除了触发生理上的改变和一些情绪上的变化，还会造成心理的变化。

大家可能都知道莫兰迪色系，莫兰迪说全世界最重要的颜色就这几种（图 11-22）。

《朝圣者的碗钵：莫兰迪画作诗思录》曾评论道：莫兰迪认为他画的内容就是外部世界。随着时光的流逝，他画中的元素越来越少，最后可能就只有一个水壶、

图 11-23

一个碗（图 11-23），他认为这就是全世界，是永恒的。作为画家，他体验到了画中视觉信息的巨大冲击力。

大家拍照片时经常会参考黄金分割构图，即九宫格分布，中间四个点是最吸引人目光的点，因此，视觉信息的主体通常也是展现在这四个点位上，但有时也不尽然，亮点的突出还可以依赖对比度和颜色差异。视觉信息的表现既有艺术性，也有技术性，更受心理因素的影响（图 11-24）。

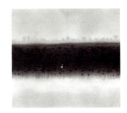

图 11-24

图像如同光影化石，从几万年前的岩洞壁画到绘画、摄影和摄像等，无不记录了人类文明的时间线和足迹，并世代相传。以下我们来欣赏几幅《时代周刊》登载的摄影作品，就如同我们透过岩洞壁画来了解我们的文明和历史缩影。

图 11-25

（1）视觉信息在人类社会中传递，最早是以绘画形式为载体，当摄影技术诞生后，摄影仍然不是主流媒介，视觉信息的传递还是靠绘画，图 11-25 这张《荷塘月色》是相机拍摄的，但是用了很多绘画手法。像荷塘月色的月光，也是用摄影结合绘画的形式完成的。

（2）图 11-26 这张照片是真正通过摄影技术表

图 11-26

达视觉信息，画面中有着水中镜像的人物，动态十足，远处还有广告橱窗。

（3）1932年，洛克菲勒中心69层（离地面大约256米）施工现场的建筑工人在午餐。而时代背景是美国经济大萧条刚刚结束，经济正在复苏崛起，纽约的摩天大楼像雨后春笋般拔地而起，体现了蓬勃发展的气象。当时有好几位摄影师去拍照，但都混合在一起无法辨别作者，图11-27这一幅照片流传至今，是因为它的视觉冲击力最大。

（4）图11-28、图11-29这两幅图大家都知道，都是胜利的标志。两张战争中的旗帜照片，表现了胜利场景。图11-28背景是太平洋战争硫黄岛战役，战斗非常惨烈。图11-29的背景是在欧洲战场，苏联

图11-27

第十一讲 视觉信息的力量 247

图 11-28

图 11-29

图 11-30

红军经过 1400 天的战斗，终于攻克柏林。其实这两张照片都是稍作摆拍的，但其深远的内涵被永远留存。

（5）图 11-30 是一张美国纽约雇用童工的照片，背景是经济复苏带来了就业机会的增多，劳动力出现短缺。对于这张童工照片，基于不同的社会文化，可以有不同的解读。

图 11-31

（6）图 11-31 是一张著名的自拍照，很多名人聚在一起，完成了他们的第一次自拍合影。现在自拍就很普遍了，用微博、微信，无论做什么，自己都可以拍照片分享。图像信息比过去任何时候都更容易获取和传播。

图 11-32

记录图像是为了能够将真实的视觉信息留下来，让大家分享并传播。有时候确实是这样，但有时候也不尽然。大家看图 11-32，是现实主义画派的查尔斯·麦尔森的作品，大家都认为色域好，与众不同，但谁也不知道画家是色盲。

梵·高经常服用抗精神病药物，导致他看什么东西都是黄色的。他想要把看到的最真实的东西给后人留下来，但是留下来的场景都是他所看到的黄色（如图 11-33）。可能实际上并不一定都是黄色，也许会有很多绿色或蓝色。他还有一幅画画的是麦田，他

图 11-33《向日葵 F458》

[荷]文森特·梵·高

说的是要画绿色和黄色，但最后画的都是黄色，没有绿色。

雷诺阿的这幅画（图 11-34），有远近层次，中间近处的人特别清楚，远处的人比较模糊，大家觉得他的层次感非常好，但实际上画家是近视眼，他根本看不见远处是什么，所以他看近处清楚，远处是虚的。

莫奈在很多年间对同一个花园的场景进行了描绘（图 11-35）。之前这里是小路，但最后被画成了虚幻景象。实际上是因为画家患了白内障并逐渐加重，所看到的世界也随之发生了变化。

塞尚的这两幅作品也是描绘的同一个场景（图 11-36）：家乡的山脉。他前后画了并留下来 2000 多幅，我们对比他前期和后期的作品，可以发现用色的明显不同，这是因为画家在后期因患有糖尿病眼睛产生视网膜病变，造成眼底出血，导致他把世界看成不同的模样。

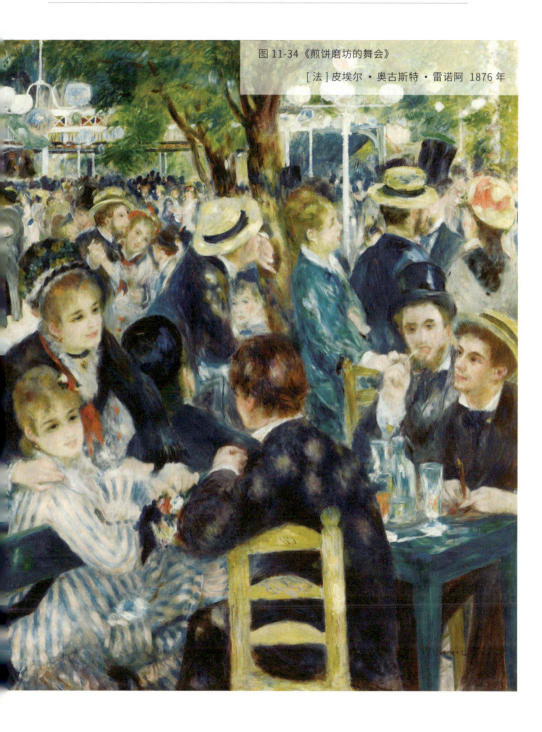

图 11-34 《煎饼磨坊的舞会》
[法]皮埃尔·奥古斯特·雷诺阿 1876 年

图 11-35《花园里的小路》[法]莫奈

第十一讲　视觉信息的力量　253

图 11-36《圣维克多山》[法]塞尚

图 11-37 《蓝衣舞者》[法] 埃德加·德加　　图 11-38 《舞台上的舞女》[法] 埃德加·德加

德加也是印象派画家，喜欢画芭蕾舞女。我们可以看到他早期的作品中，舞女的脸非常秀美，但是到了后期，人脸都是模糊的（图 11-37、11-38）。这是因为画家得了黄斑变性，聚焦中心的图像都是弯曲的。

信息爆炸时代，视觉的呈现更加丰富多彩，用文字已经无法快速简洁地表述。比如下面的图 11-39、图 11-40，我们瞬间能够感觉到画面包含的时间、空间、色彩甚至情感的信息，如果用文字来描述，应该是非常复杂烦琐的。

图 11-41 是 2009 年 1 月 15 日由私人社交媒体率先发布的大事件：飞机迫降在哈德逊河上。视觉信息的传播进入了爆炸时代。

图 11-42 是发生日全食的新闻，两则新闻都是《时代周刊》发布的，左边是文字版，右边是视频版。视频版点击量有 20 多万，文字版却只有很少的点击量。可见，视频给大家带来的冲击力更强，传递的信

图 11-39

图 11-40

图 11-42

图 11-41 全美航空 1549 号航班迫降哈德逊河

图 11-43

图 11-44

息更多,图像优于文字,视频优于图像,成为当代信息传播的趋势。

有媒体统计了中国 2020 年的自媒体形式,视频、微视频、短视频占据的比例特别大(图 11-43、图 11-44)。很多人都在从事直播、主播行业。在所有的自媒体平台中,抖音占的比例最高。视频信息符合现在的生活节奏以及传播的形式需求。

相较于传统的图文形式,短视频声画结合,信息承载量大且丰富,符合当前碎片化的阅读场景和人们高效获取信息的习惯,易于分享扩散,尤其符合咨询类内容传播的需求。诚然,对于同一段视觉信息,每个人因为其性别、经历、文化背景、职业和信仰的不同,都会有不同的诠释。图 11-45 是 WHO 关于促进信息沟通的模式。信息的给予,包括用什么样的信息给到什

图 11-45

么样的人,针对不同的人要给不同的信息,才有利于信息被接受。不同的信息可以被用来改变人的整个意识形态或思维方式。

乔布斯是信息沟通方面的大师,他很擅长利用经过专业设计的视觉信息以及表述方式进行信息沟通,他用的文字非常少,几乎完全靠视觉信息和语言来打动人心。

总之,视觉信息,无论是形式还是内涵,都记录了人类文明的足迹,具有鲜明的时代感,也推动了文明的进步。

附录：眼科科普

下面我给大家科普一下眼科的常见疾病：

我们眼睛的正常视力是国际视力表1.0（或对数视力表5.0），眼压10~21毫米汞柱。在中国，最常见的致盲性眼病包括白内障、屈光不正、角膜病、青光眼、视网膜脉络膜疾病等。

白内障是一系列因晶体混浊造成视力障碍的眼病。白内障虽然是第一位致盲病，但它是可逆的，通过手术治疗可以完全复明。目前我国的防盲治盲战略也主要是针对白内障患者，使他们得到及时的治疗而复明。一般白内障通过眼科门诊检查就可以确诊，手术是主要的治疗方法，包括摘除混浊的晶体并植入人工晶体。由于白内障手术技术发展很快，基本可以实现快捷的微创手术，术后患者伤口小，恢复速度快。

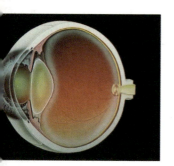

白内障患者眼球结构

青光眼是另一种致盲性眼病，而且是全世界第一位不可逆的致盲眼病，病因是病理性的高眼压导致视神经损伤，治疗的主要目的是维持现有的视功能。预计到2040年，全世界会有1.13亿青光眼患者，我国有2500多万患者。青光眼通常是慢慢发病，有家族史、近视或远视的人属于高危人群。青光眼很多时候没有症状，非常隐蔽，自己很难发现，需要到医院经过检查才能确诊。主要检查眼压、视神经和视野三项。虽然不能治愈，但通过早发现、早治疗，可以使患者在有生之年维持有用的视功能。另外，大家不要太紧张。每年定期的体检查眼底很重要，我们有句口号：视神经一张照，青光眼早知道。每年都有世界青光眼周活动，希望大家能够了解这个病，能够及早发现，从而减少失明。

年龄相关性黄斑变性也是一种不可逆的致盲性眼病，患者大多数是老年人。这个病有遗传倾向，也有人说是蓝光损伤的。目前没有特效药，我们可以通过戴墨镜来阻断强光刺激，也可以服用抗氧化剂来保护眼睛，比如服用叶黄素，可以吸收蓝光，类似于"生物滤镜"。有一些办法可以自我检查，比如视野的中间部分经常看不清楚，余光比中间清楚，属于黄斑变性的症状。也可以看自测表，如果看到弯曲的线条就有可能患病。当然最好还是去医院做全面检查。年龄相关性黄斑变性对日常饮食没有限制，但最好戒烟。

黄斑病变患者的眼底以及视物情况

中国的糖尿病患者人数是世界上最多的，糖尿病最常见的并发症就是眼底视网膜病变（眼底出血、渗出甚至视网膜脱离）。所以得了糖尿病，每年要

糖尿病患者的眼底以及视物情况

做眼科检查。现在的眼底照相机搭载人工智能，可以很快给出初步的诊断。这部分患者的症状主要是视力下降，视力模糊，有黑影遮挡。治疗方面，最为重要的是控制血糖，还有视网膜激光治疗或眼内注射药物等治疗方式。

干眼症是现代社会才有的眼病。原因不是很清楚，可能和环境、长时间用眼、免疫—内分泌紊乱、炎症等有关。很多人在盯着屏幕看的时候，眨眼次数会明显减少，角膜暴露在空气中的时间变长，从而导致干眼的症状。如果处于常用空调或者有污染的环境中就更糟。有些眼药有防腐剂，长期使用也会导致眼表损害，引起药源性的干眼。也有少数患者可能是由于泪腺分泌少所致。我们现在90%的人都有干眼症，干眼症的症状包括眼干、涩、疲劳、疼痛、酸胀等，使眼睛湿润后症状会缓解。治疗上最常用的是人工泪液，其他特殊治疗方法只有在特别极端、严重的情况下才需要，最简单的预防方法是注意用眼卫生。

第十二讲
表情包的法律问题

图 12-2

图 12-1

我们先从几个案例开始。2015 年美国纽约发生一个案例,在警察执法过程中,一个黑人青年被警察打死了,另一个黑人青年在社交媒体上就这件事发表了愤怒言论,他使用了三支手枪的表情包(图 12-1)。警方认为这个青年会有使用枪支对警察不利的倾向,因此申请了逮捕令和搜查令对这个青年的家进行搜查并将其拘禁。拘禁后,警方将这位青年告上法庭。①

如果只使用文字就不会有这么大的威胁,但放了三支手枪的表情包,情况就不同了。幸好法庭最后的解释认为,这三个表情包不能对警察生命构成威胁,判了黑人青年无罪。当时表情包的手枪是左轮手枪,由于这件事,后来手枪的表情包变得玩具化,让人看了不会有被威胁和恐惧的感觉。后来表情包的这些变化是由 2015 年美国纽约法院的"手枪表情包"案例所引发的(图 12-2)。

另外一个案例和鸡尾酒相关。有一个人在开学租房高峰期发布出租消息后,就有个人不断地给他发鸡尾酒的图片(图 12-3),他就认为这个客户有意租房,然后他就给这个客户保留着这个房子。但

---

① 参见杭州网(http://www.hangzhou.com.cn),2020 年 8 月 14 日访问。

图 12-3

是开学租房高峰期过去后，他的房子没有租出去，这个发表情包的客户也没有来租。这个人就将客户告到了法庭，说这个客户表示要租房，所以给客户保留着房子，但最后客户没租他的房子，造成了他的损失，要求赔偿。法庭就"发鸡尾酒是不是表示要租房的意愿"进行了很长时间的解释。将这个表情判断为表示肯定的意思是困难的，如果发一段文字或一段话，可以清晰地判断意图，但是发表情包很难判断意图，可能会引起误解，也可能不会引起误解，法官没有办法进行判断，这么小的案子也不可能请陪审团。

还有一个案例是一对男女青年在谈恋爱，女士给男士发信息，男士从来不回文字信息，总是回复笑脸或衔着玫瑰花的表情包（图 12-4），或有喜感的各种各样的表情包。这个女士就觉得男士非常奇怪，这个人长得也很精神，看起来没毛病，他怎么就每次都用表情包回复她，从来不写文字，后来他们就分手了。这个虽然没有上升到打官司的地步，但是是社会交往中很奇怪的现象。朋友之间发表情包，对方发一段话，你发一个赞、

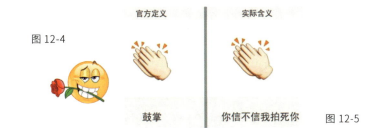

图 12-4

图 12-5

一个大手指、一个笑脸都可以。但是谈恋爱的时候要小心,最好稍微多写几个字。

那么,表情包提交到法庭的时候,如何解释它的含义?我在网上随便找了一个例子,可能不太恰当,但我实在找不到更好的。我们以图 12-5 这个拍手的表情为例,官方定义可能是鼓掌,那么实际含义是右边那行字。这完全是同一个东西,但理解上是南辕北辙。这种情况在法律上就变得很有趣。将来这种情况越来越多后可能会引起各种各样我们以前都没遇到过的奇怪的诉讼。

接下来看一下表情包的内涵和外延。表情包在社交软件上活跃之后,成为一种流行文化。2017 年 7 月 18 日,教育部、国家语言委员会在北京发布《中国语言生活状况报告(2017)》,"表情包"入选 2016 年度中国媒体十大新词。显然,官方开始承认它。

我们来看一下表情包问题的解决方案。如果人家以前使用过 BP 机的话,可能还记得 BP 机上可以打出这样的符号,电脑上可以,键盘上也可以打,打一个冒号打一个字母 D,转过头歪着看,这是两只眼睛和一个微

:D　:)　:(　图 12-6

笑的嘴。也可以打一个冒号，打一个这样的括号，好像是小胡子往上翘，很高兴，但是打一个冒号，打个括号好像小胡子往下翘，就是不高兴（图 12-6）。对于表情包图像是不是应该统一，是不是应该像语言文字一样标准化，引起了很大争议。美术和摄影都是一种以图像为主的艺术，大多数画家和大师摄影家是自成系统的。如果研究摄影的话，你能看出这片子是谁拍的，因为他习惯于这么用光，习惯于这么取景，习惯于这么构图，可以根据这些判断出来。电影也一样。但是，表情包成为图像化的文化，既然是图像，能不能统一化和标准化，我们来验证一下。

国际网络的统一码联盟起初也是支持统一化的，因为我们想在手机上或者在电脑上发信息，实际不是我们直接发给对方的，而是通过这个平台转给对方的。平台有过滤系统，能够控制。国际统一码联盟有 7 大巨头，6 个是欧美的，1 个是亚洲的。但是我们自己也有平台，国内的腾讯、阿里、百度也有各自的系统，将来抖音可能也会加入。如果这套系统不让通过，信息就会被屏蔽。

现在带宽已经足够大，我可以画一张画发出去，别人都可以转发我这张画。我们之前讨论过"苏大强"的表情包，一个人画的画，最后变成一个流行化的表情包。所以，发展趋势取决于网民和市场，不由平台决定。为什么会这样？虽然最标准的蒙娜丽莎是这样，但是现在至少可以找到 100 种不同的变形，那么它究竟是统一化，还是标准化了呢？为什么在变形上没有人用这个做周边？一个原因是侵权，另外可能失去趣味，太严肃了。虽然有微笑，但是微笑一点都不幽默。维米尔的《戴珍珠耳环的少女》《倒牛奶的女仆》也是这样。变化的图形很难统一，网民们会认为重复的图案造型没有创意。

最早在文字沟通中使用符号、emoji，是表达方式真正多元化的和图像丰富多彩的一个表现。符号代替文字和人的情感是什么时候出现的呢？现在已经追溯到公元前 136 年以前，我认为这个说法有点夸张了。也有人追溯到 1648 年，文件出现了一个不应该出现的东西，就是打字错误，本来就是括号后多打了冒号，是不是故意的，没有定论。真正表情包的发展可能是从 1636 年开始的，最后变成手绘的、很滑稽的图像。公认的说法是 1982 年卡耐基梅隆大学的法尔曼教授在电子公告板上开始使用各种字符，这个在日文中也叫"颜文字"。卡耐基梅隆大学在大数据方面现在也是比较领先的。另外，我们在电脑上能检索到的解释大概都是这样，但是这个是中国人解释的，大家不一定都接受。

最通用的、离我们最近的表情包是 1999 年日本栗田穰崇发明的 176 个图形，每个图形都使用受一定限制的字符，节省空间且传播统一。栗田最早是在日本的电报电话公司的移动部门工作，他的这些符号推出以后马上就在日本流行起来。现在这一套东西已经被韩国公司收购了。用这套符号的大众用户不需要付钱，但是平台要付钱。更早可能还有苹果做出的 12×12 像素的符号，这种符号在苹果电脑上都能看到。

图 12-7

更早一点，20 世纪 90 年代初期由于屏幕显示没有现在这么细腻，圆都是由点阵组成的。这些点阵很粗糙，边上是锯齿状的（图 12-7）。最早用"文豪"打字机打出来的字的边缘就是这样的。当时那个打字机一台是 15000 元人民币。我们那时打字只能打英文，"文豪"中文打字机是仿制日本的。那时候我在大学读硕士，有个梦想，就是拥有这样一台中文打字机，但是一直到电脑上市也没买得起。15000 元钱买一台四通"文豪"打字机，这个价格很昂贵。当时如果你拎着那种打字机走在街上，回头率极高。

2006 年谷歌的邮件系统也推出了一套符号。各个地方都有推出不同的符号，最成功的还是日本的这套符号。1995 年在日本就开始有这种符号了，只不过这种符号类的东西没有进入特别多的手机系统，还只是在传呼系统里使用。栗田穰崇做的技术变得更完善，更加图像化，还带颜色（图 12-8）。

图 12-9 中的这位日本青年就是栗田穰崇。他是软件专家，同时又是漫画爱好者。有人采访他，问他做的 176 个符号为什么是这样的，他说他是受到漫符的影响。漫符就是漫画中的加强效果的符号。

图 12-8

1999 年，在栗田穰崇创作 emoji 表情符号后，得益于苹果 IOS5 输入法的助推，表情符号开始风靡全球

图 12-9
1999 年，栗田穰崇创作颜文字现场

随着 4G、5G 网络时代的到来，很多照片代替了它们，现在还有动图。2013 年，美国有个叫班奈森的数据工程师根据小说《白鲸记》，创作了表情包符号版《白鲸记》，后来又做成了游戏。

另外，我国的徐冰教授，曾经任中央美院的副院长，他用表情包写了一本叫作《地书》的小说，内容是黑先生的一天。我也买了这本符号小说，看起来比较烧脑，慢慢看才能看明白是什么意思。比如闹铃响了是早晨起床了，闹铃的音乐声，眼睛闭上睁开等，形容一个人早上起床多么艰难（图12-10）。徐冰先生人非常好，和北大很有缘，他父母都是北大教授，他在北大中关园长大。我在光华兼任院长期间曾请他到阿里巴巴报告厅做了一次演讲。

有一天，我的同事给我发了 2020 年七夕的节目单（图 12-11），你们知道这些是什么意思吗？这些我真的

图 12-10

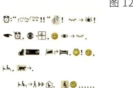

图 12-11

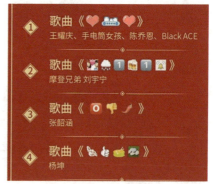

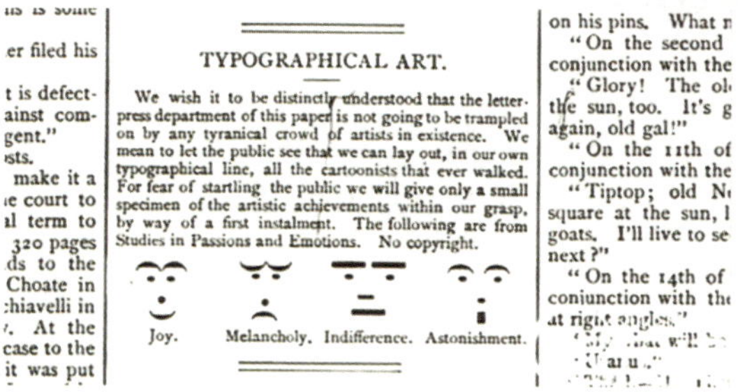

TYPOGRAPHICAL ART.

We wish it to be distinctly understood that the letter-press department of this paper is not going to be trampled on by any tyranical crowd of artists in existence. We mean to let the public see that we can lay out, in our own typographical line, all the cartoonists that ever walked. For fear of startling the public we will give only a small specimen of the artistic achievements within our grasp, by way of a first instalment. The following are from Studies in Passions and Emotions. No copyright.

Joy. Melancholy. Indifference. Astonishment.

图 12-12

1881 年 3 月 30 日，四个被称作印刷艺术的表情符号出现在了美国的讽刺杂志《Puck》上

不知道，看了半天也看不明白，到了晚上我就放到西安的学员群里，有一位年轻教员给我秒回，他很年轻，而且对图像、音乐等各方面极其熟悉。对我来说，这简直比天书还难懂。他帮我“翻译”出来了：1. 爱传递；2. 余生只想握紧你的手；3. 欧若拉；4. 生命像块石头。

我在网上查到 7 月 17 日是世界表情包日。外国较早有一本叫《泼克》(音译)的幽默杂志，让大家看一看：漫画家在印刷漫画页上的表情符号，计算机专家用键盘能做出类似的（图 12-12）。

可以说，从键盘上打出来的，手机或者 BP 机上做出小的、不带颜色的表情包，到最后带颜色的表情包，变化所用的时间很短。2014 年牛津词典在线版把 emoji 新的 176 个表情包纳为英文牛津词典新词的成员，以后的英文不止是由 26 个字母拼出来的，还有 176 个画出来的（其中的一部分见图 12-13）。所以日本各大运营商当时都想将表情包标准化，但是市场的发展让表情包越来越多，国际统一码联盟不断进行标准化，从 176 个到 250 个。中国发展得更快，图片、拼图、手绘等各种各样的图案全部放在一起发。中国人在微信表情方式的创造方面超过世界上其他国家。

表情包在正式场合也会出现。日本卫生间的符号和其他国家卫生间不一样，是鞠躬的符号，下面还有"欢迎光临"（图 12-14）。哪有在厕所说欢迎光临的呢？这是为什么呢？日本的傅英老师告诉我，因为大阪地铁的厕所多年失修，老百姓抱怨得很厉害，政府把它修好以后为了表示歉意在门口放了这么一个搞笑的牌子，这是政府搞的，表示欢迎光临，意思是："你们再来吧，厕所修好了，干净了，像商店一样欢迎来上厕所。"这是一个表情包被政府应用的实例。另外一个实例是 2019 年的 2 月，澳大利亚昆士兰州的车牌可以用表情包（图 12-15）。表情

图 12-13　　　　　　　　图 12-14　　　　　　　　图 12-15

图 12-16
表情包角色：
吉恩、嗨老五、
杰尔布蕾

图 12-17

包可以表示车主的性格，车主也好认自己的车。

现在表情包还被做成实物，做成抱枕、沙发垫、书包、杯垫等。它们还进了纽约现代博物馆，美国甚至还拍了一个以表情包为角色的动漫电影《表情奇幻冒险》（图 12-16），这几个表情包的配音演员都很著名。

对这部表情包动漫电影的评价好坏都有，有人说这个片子充满想象；也有人说想象力有限，角色设定让孩子保持足够的清醒，电影可爱疯狂，但又有些华而不实，等等。我这个年龄对很多角色也不能理解。例如电影《哪吒》，我原来认为哪吒是很好看、可爱的孩子，现在弄成比较怪的小捣蛋鬼形象（图 12-17），但票房还很高。

但不管怎样，表情包作为网络社交的符号，它可以代替一部分文字表达意思，这已成为不争的事实了。某些地方甚至还超越了文字的表达能力。所以，它和文字混用，已经成为一种趋势。使用表情包是不是能成为习惯，因人而异，有人用得很多，有人用得很少，但都不会阻挡这种趋势。

大家选一下"为什么喜欢用表情包？"我在百度上找了一些对表情包的解释：第一是释放，在快节奏的社会，人们往往压力比较大，然后我们中国文化又是内敛的，不像西方人那么坦率地表达自己真实的感情和运用肢体语言，但表情包可以弥补这一点。第二是共鸣，客观世界是复杂的，人们的感受也是复杂的。有时表情包流露出来的东西跟我们的时代是相吻合的。第三是对情绪的表达比较充分，特别有一种"魔性"。

图 12-18 有 A、B、C、D 四类表情包，各位比较喜欢哪一类？个人审美取向不同。选择动物的有两种情况，一种是动物代表很沮丧的，还有一种是动物代表非常阳光的。选择真人的也不一样，有很颓废的，也有很开朗的。社会是内卷的、快节奏的、佛系的、功利的、价值多元的。针对表情包，大家可以寻找合适的解释。

图 12-18

对表情包有下面几种解释。第一种解释是网络传播中，文字很难表达肢体语言，而表情包可以。第二种解释说它来源于希腊词语，中文叫"模因"，是模仿一种词汇衍生出来的，它是一种亚文化。另外还有人说它没有版权易于传播，但这是不正确的，因为平台是有版权的，平台鼓励我们使用，使用越多流量越多。还有人说它充当了传声的第三者，可以帮我们推卸责任，我们发了一个表情包，怎么解释都可以，而写一段文字，就跑不掉了。语言表达确实是有限的，我们的手势、表情、肢体动作都表达不了，要借助表情包来表示，所以它就构成了语言之外的语境因素。用表情包可以表达强烈的感觉，可以减少距离感，脱离语言的语境，创造新的语境，它带来的信息反馈是不一样的。以上研究都来自腾讯研究院，在知乎上也可以找到。

另外，表情包可以表示友好的交流姿态。人大的彭兰教授写过一篇文章叫《表情包：密码、标签与面具》，她说表情包代表友好交流的姿态，因为它自带气氛调节功能，能够拉近交流双方的距离，从而为交流创造了亲切轻松的氛围。而且还可以一图胜千言，我们发一个图，大家都明白了，省了很多话。另外还有一种天然赋权的本质，麻省理工学院的尼葛洛庞帝教授二十多年前写了一本书叫《数字化生存》（Being Digital），由我校新闻传播学院的胡泳教授等翻译成中文。最近20周年版本又出来了，尼葛洛庞帝又写了第二版序言。我当时读到这本书很激动，觉得这个人太有想象力和预见性了。他说的很多都成为现实。

社会学家认为，还有一种使用表情包的情况是在私人领域被赋予公共属性。一些事件被包装化以后，凭直观的视觉形象，得到非常显著的传播，借助这种形成系列的、平民化的方式，普通的网民获得一种介入公共领域讨论的权利，可以说表情包是一种记录方式，也是一种表达方式。另外，表情包易于分众表达，老年人喜欢用的、青年人喜欢用的、男士喜欢用的、女士喜欢用的、中学生喜欢用的，都不一样。代际、职业、性别现在都分开了。所以，表情包是一种传播符号，它的历史与现代互联网发展史几乎见证了人类与电子文本不可交流性的不懈的抗争。所以表情包的无厘头、发泄、狂轰滥炸，反映了人们对文字甚至对现实社会的一种情绪，这种情绪能够使自我得到暂时的调节。另外，它创造了一种喜剧空间，我们的现实生活可能没有这么搞笑，但使用表情包就有一种喜剧的感觉。

这种娱乐化的方式也是我们现实社会不可缺少的。有人可能认为这是"三俗"或者是什么样的东西，但实际上社会压力很大，不搞点这样使人放松的东西，确实令人感觉太累了。有人就想利用这个推销生意，相关诉讼就产生了。深圳市律师徐某从表情包里看到商机，他就创造了一套"问律师"表情包,共 24 个表情包,但其中都含着推广其个人业务的痕迹,他向腾讯申请被驳回,因为腾讯认为这套表情包有明显的个人商业推广的指向,因此他展开了长达两年的诉讼。这个官司一直打到最高人民法院,最后最高人民法院在 2018 年作出裁决,驳回他再审的请求,认定腾讯公司未通过徐律师含有商业推广内容的表情包投稿,不是腾讯滥用市场支配地位,而是表情包不允许推广个人的生意。现在表情包都是不带商业属性的。

我们来看一下世界上对表情包的研究。最早系统研究表情包的专著是 2015 年的 *The Emoji Code*。这本专著又在美国出版,被换了封面(图 12-19、图 12-20)。后来又在中国出版(图 12-21),译者是北大政府运行保障研究院的翁习文先生。

网络不仅改变了图像,也改变了文字。很早很早以前我一个同学发给我一段话,说"天上有一架灰机"。我以为是错字,我还给改成了"飞机",同学们哈哈大笑,后来才知道我上当了。"蓝瘦香菇",我真的不知道何意,我就问学生这什么意思,他告诉我意思的时候,说这个不是错字,我如果要说是错字就会被人嘲笑。在正常的文字和语言的规范理解里,它的意思是一回事,但是在网络同学朋友圈子里,我那个"正确"就是错的。这就完全反过来了,但是现在大家都能接受这种反

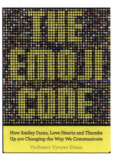

图 12-19　　　　　图 12-20　　　　　图 12-21

过来的情况。

社交语言更是这样，我们画漫画、写网络文学的几乎没有用真名的。我费半天劲去查找"乌合麒麟"这个人到底是谁。我先查有没有"乌合"这个双姓，结果发现没有。我虽然知道这是笔名，但还是要查一下，真的查不到他的真名。另外，2018年十个最流行的网名中有一个网名是"女为悦己者容，男为悦己者穷"，这么长的名字，一共12个字。

所以，以图代言没有公共的判断标准，喜欢就用，不喜欢就不用，不要说谁对谁错。现在文字也是这样，网络上不能说谁是对谁是错。因为在网络语境下的对与错，有与线下不同的判断规则。这个表情包到底是什么含义呢？是得意，是笑，还是苦笑？所以，网络平台上的规则强大到一定程度就会影响现实社会的规则。我们现实社会的语言规则、语法规则影响不了网络社交的语法规则。反过来网络社交的语法规则和情况会侵入现实，我们中小学的课本、大学老师的课堂，甚至大学校长的致辞都会改变。这意味着什么呢？一是规则的制定者改变了；二是规则的解释变得多元了；三是规则的冲突难以用现行的规则来解释了。

新规则是用新的思维来解释的。10年前网络语言进入了国内大学毕业典礼校长致辞。2010年6月23日，华中科技大学当时的校长李培根，讲了16分钟，赢得了几十次掌声，有7700余名学生高喊："根叔！根叔！"（图12-22、图12-23）那场毕业致辞他说了什么呢？我引一段，他说："我知道你们还有一些特别的记忆。你们一定记住了'俯卧撑''躲猫猫''喝开水'，从热闹和愚蠢中，你们记忆了正义；你们记住了'打酱油'和'妈妈喊你回家吃饭'，从麻木和好笑中，你们记忆了责任和良知；你们一定记住了'姐的狂

图 12-22

图 12-23

放''哥的犀利'。未来有一天,或许当年的记忆会让你们问自己,曾经是'姐的娱乐'还是'哥的寂寞'?"10 年前,我在北大当副校长,我看了这个致辞文字稿以后,我也很激动,因为这位"根叔"校长年龄比我大,但他能用学生网络语言和词汇在毕业典礼上致辞。在当时是全国首例,好评如潮。

这个大学校长这样讲话,一下就拉近了跟学生的距离。他还说:"亲爱的同学们,也许你们难以有那么多的记忆。如果问你们关于一个字的记忆,那一定是'被'。我知道,你们不喜欢'被就业''被坚强',那就挺直你们的脊梁,挺起你们的胸膛,自己去就业,坚强而勇敢地到社会中去闯荡。"当时有很多"被"字,可能是为了报数字、报业绩,人家自己没怎样,你就把人家怎么样了。这个校长敢这么说,抨击时弊,很厉害。他还说,"尽管你们不喜欢'被',根叔还是想强加给你们一个'被',你们的未来'被'华中大记忆!"当时学生被感动得稀里哗啦的。

李培根是个院士。当年他讲这个话的时候已经 62 岁了。在 10 年前,华中科技大学是"985"大学,跟北大、清华是一样的大学。但这位校长敢这么讲,非常了不起。后来我查了一下他的简历。学生称他

"根叔",他也自称"根叔"。央视报道了这件事,而且截取了一些他讲话的精彩片段,说他作为校长语言新潮,作为师长他情真意切,作为朋友他更表现出对即将踏入社会的年轻人的希望、不舍,甚至是担心。

当时央视节目《新闻1+1》的主持人董卿说:被学生昵称为根叔的李校长,在16分钟讲演中赢得了7700多名学生几十次掌声,一篇2000多字的讲演,谈国事、校事、身边事,引起了无数人的共鸣,这是根叔送给学子们的重要礼物。我想,引起共鸣最主要的就是那些网络语言和网络出现的事件、简单的词,而不是别的。

当时正好我们学院的王锡锌老师在那个节目做嘉宾,董卿问为什么这个演讲会这么好评如潮呢?明明是一个大学校长,这么"出格"的一个讲演,甚至是挑战传统的讲演,批评一些现象的讲演,怎么会这样呢?王锡锌教授说:今天这样发自真情的、平等的对话还是不多见的,是稀缺的。李校长平时了解学生的关注和困惑,是他的讲话能够拉近与学生的距离的根本原因。一位知名大学的校长,能说实话、说真心话,才赢得了这么多的掌声。

我们作一个小结。

第一,网络正在形成多元化的表达方式,是约定俗成的,没有权威。一定是大家一看这个好就产生了共鸣,然后情不自禁地引用了,反正也没有版权费,大家都可以用。它经常与线下的规则高度不一致,线下的规则不是这样的。线下所有的语法是既定的,不能改语法;线下的文字的写法是既定的,不能多一画,不能少一画,甚至写的笔顺都是既定的,不能颠倒,否则都被认为是不对的,但是网络流行语在今天没有人说不对。比如,"不明觉厉""人艰不拆",按照文字来看根本不知道什么意思,论语法完全不通,但是在网络上就可以。还有"集美","集美"是福建的一所大学,但是在网络上是"姐妹"的意思。还有

"网抑云""工具人"等。由此可见,网络语言、表情包确实让我们的沟通方式更丰富、多元。

第二,难得糊涂,认真就输了。这一点我个人很有体会。四年前我学日语的时候,老师给我讲了一件事情。日本东京大学有一个医学生,叫秋山燿平(图12-24),他会讲十国语言,网上有他讲学外语的经历,和我学外语的方法完全不一样。我学一门英语已经学了40年,现在还不行。但他给大家讲了一个道理,他说只看第一个字母和最后一个字母就可以了,不影响理解和交流,他用这个方法学了十门语言。这就是说,有些地方不要像我们过去学习一样那么认真,糊涂一点,难得糊涂。如果像他这样,不太精准地学10门外国语言,持续与10个国家的人保持交流40年的话,一定和我比较精准地学一门英语,只与英语国家的人交流40年的结果是不一样的,他对世界的认识一定比我广泛,学到的知识一定比我多。关键是要坚持40年。

最重要的是要理解大意,能掌握80%已经可以了,剩下的20%要花很多时间。从他的角度,用抠这部分

图12-24

东西的时间他又学了一门语言。学一门英语,自己不满意,但是学了10门语言,就可以和很多国家的人交流沟通了。

请阅读下列英文:

> Due to the epidemic, the goevrnment's call is unnecesasry. Try not to laeve Beijing during the New Yaer's Day and Spring Festiavl holidays to reduec the flow of poeple and prevnet the spraed of the epidemic.

以上文字中尽管有错误,但所有同学都能完全理解这段有单词拼写错误的句子的真正意思。

这种情况在中文、日文中都有类似的效果:即错字和错别字不影响理解句子的意思。这个例子对我启发特别大,因为我学日语的时候是60岁,我肯定学不过青年学生。那时我每天沮丧得不得了。特别是2018年我到早稻田大学当插班生进修日语,然后他们说你既然要插班你就要考试,就要在课堂上回答问题,你不能有任何特殊化,我说好的,一定这样做,我就进入日语班插班学习了。进去以后发现全是年轻人,都是准备在日本读硕士或者本科的,他们极其认真,我根本就跟不上他们的节奏,每次考试都是最后一个交卷,每次都不及格,回答问题时也回答不了。

我只有一项成绩是合格的,就是写作文。我每次用日文写作文,在班上都能得到日语老师的表扬。不是因为我的日语好,相反,我的日语口语很不好,而是我比较会讲故事。日语不好故事写得好,老师表扬我,可能是我写的故事比较能让她满意吧!我用日文写作文时,先不管语法,也不管假名对错,先一气写下来。然后再慢慢把字词和语法都对照课本改对了,虽然还有语法错误,也有假名写错,但老师说我写的作文 idea 是好的，感动她了。我现在可以用日文写信跟日本教授请教问题了，即便如此，他的回答我也不全看得懂，但我放到翻译软件上一查，中文都出来了。如果还不行，我就日文加英文混着提问，这一点都不影响我跟日本教授的交流。我可能日语考试不及格，但我能跟日本教授用 email 进行专业交流，也就知足了。看日本电影中的字幕，我能看得懂大意，日文的书 70% 可以看懂，我也就达到目的了。我不去考日语水平考试，我学日语就是为了能看懂日文大意，能与日本教授交流，因为这样就够我做专业研究了。我也问过教法文的教授，我写封 email，我借助电脑软件写的法文介词多数是错的，但法文教授说能看懂我要说的意思。这样我就满足了。

所以，网络确实是这样，给我们提供一个非常快速便捷的交流平台，不用太过认真，发过去外国教授就能懂。这样交流就变得非常顺畅、便利，大家都愿意用外语，而不像考托福那样让我这个年龄的人头疼。

这也是表情包带给我的启发：表情包的意思是含糊的，但是不影响网友之间的交流，包括不同国家、说不同语言的网友交流，因为网友都能接受这种"模糊式表达"。

表情包所表达的含义，没有官方定义，网民可以有各自的解释。当网民对发表情包者的本意产生误解时，或者造成精神或财产损害时，由此引发的诉讼，法官将如何认定？现在的情况是，无法可依。

这就带来另一个问题，既然是无法可依，那么针对此类问题是否应该"立法"，或者司法机关委托什么机构认定，类似司法鉴定机构出具鉴定意见，或者由国务院直属的国家语言文字工作委员会（以下简称"语委会"）作出官方解释呢？但是，表情包不是原来意义上的"语言文字"，语委会有解释权吗？

如果语委会无权解释，那么应该由什么机构解决这个问题呢？目前在国家现有机构中似乎只能由工业和信息化部来解决这个问题了。在国际上，此类问题是由表情包统一编码联盟来解释的。这个机构不是官方机构，而是由全球七家网络公司，如谷歌、微软、脸书、三星、日本雅虎等企业组成的。我国国内目前还没有类似的民间组织。现在国内的情况是，腾讯公司的一个机构来负责微信表情包的审查工作。

表情包如果涉及公众人物，如体育明星姚明、演艺界明星葛优、知名企业家马云，以及著名已故文化名人鲁迅，还有历史名人，如杜甫，诸葛亮等。有一些当代公众人物的表情包带有某种程度的丑化或恶搞，侵犯了他们的肖像权，也在一定程度上损害了他们在公众心目中的形象，有些已经达到可以打官司的程度，如"葛优躺"表情包案件。现在国内一些城市已经设立了互联网法院，上述表情包案件可以到互联网法院起诉。

互联网法院需要有审理表情包案件的立案标准和表情包含义的鉴定方法。互联网法院的法官需要具备审理表情包案件的法律知识。在目前专门法律比较缺乏的情况下，可以参照《民法典》的有关条款审理。将来，随着表情包的发展，《民法典》的规定可能也不能适应社会发展需要了，需要立法机关根据新的发展，制定专门的规范。

目前，我国立法机关还没有制定针对互联网表情包的专门规范，但是相关调研和理论研究工作从现在起应该着手了。因为这是一个不断发展的进程，从符号表情，到图形表情包，再到动图，以及"配音动图"等的发展，是在比较短的时间内实现的。近年来，随着抖音、头条等短视频自媒体的发展，一些表情包的发展，已经带有"演绎化"或"戏剧化"的倾向，或是否还能定义为"表情包"都可能成为一个问题。所以互联网法院的研究工作是"永远在路上"和"永无止境"的状态，只有开端，没有终点。

表情包的无疆界特点使得国内与国外社会交流没有语言障碍，所以表情包是一种更加便于国际交流的表达方式。因此，国内立法和司法机关对于国际通用的表情包的含义，也需要进行相应的研究。例如，在国外的表情包中，"香蕉"和"茄子"带有色情的隐喻。"玫瑰十字"的颜色不同，有宗教的隐喻，也有反宗教的隐喻。正向的"塔楼"或"城堡"带有权力稳定的隐喻，但倒过来时就带有毁灭的隐喻。"骷髅"符号有死亡的含义，同时也可以表示"永生"和"接近天堂"。当"骷髅"与"珠宝"并排出现时，表示"物质"与"精神"并存的含义。表情包在不同种族、宗教背景下的含义不同，在跨国跨文化交流时，如果不了解这些宗教文化背景，搞不好会引起误解。

表情包定义的模糊性，也预示着互联网传播与信息表达的多样性、丰富性与复杂性。现有的法律是与语言文字相适应的。语言文字长期以来已经形成公认的含义和权威解释，而且有官方认定的工具书，如字典、词典等可查。而且还有官方机构，如我国的语委会，作为国务院直属机构专门来处理有关汉语的语言文字工作。但是现在互联网出现的表情包，既具有类似文字的含义，又没有文字那么准确的定义。同一个表情包，不同的网民可能有不同的理解。如前面例举的"鼓掌"表情包的例子，就有正反两方面的解释（"欢迎"或"拍死你"）。所以，现在的法律将越来越不适应互联网表情包的传播特点，需要根据新的情况、新的需要制定新的法律才能解决问题。如互联网法院以前也是没有的，因为后来互联网案件越来越多，为了适应互联网发展的实际需求，国内才专门成立互联网法院的。

表情包这种带有图像特点的传播工具，以及短视频类的新传播方式，都将改变司法机关的现有架构和审理案件的流程，同时将改变现有的法律规范。因为互联网上图像传播的速度和广度比传统上的语言文字更快、更广，网络传播速度是以秒来计算的，我们司法机关工作是以天和小时来计算的，原有的司法机关的工作流程和时间管理方式，难以适应成百上千倍的提速需求。互联网传播广度是无疆界的，国内司法机关的管辖是有地域范围的。照这样发展下去，当现有的司法机关和工作流程越来越不适应互联网传播需求时，不是互联网停下来适应司法机关和现有工作流程，相反，如果司法机关和工作流程不能适应互联网的需求，人类将不会选择通过法律和司法机关解决问题，而是寻找其他更快捷有效的方式来解决问题。例如，在前面分析过的"西安女硕士买奔驰车漏油事件"和美国明尼苏达州弗洛伊德案件等。

　　之所以司法机关和司法工作流程要适应互联网的发展，很明显，人们从互联网传播中可以看出民意，司法机关和相关工作流程都不可能违背民意。民意不能长期等待司法机关迟迟作不出裁决，因为裁决结果可以说已无悬念。民意也不能容许司法机关不作出裁决，那样司法机关的公信力就会极大地下降。民意还不能容许司法机关不受理有关案件，那样也会降低司法机关的公信力。司法公正的基础在于公信力，如果没有公信力，一切都免谈。所以司法机关如何改进，如何适应互联网的快速发展，这是一个亟待解决的课题。早解决，早受益。晚解决，被淘汰。

第十三讲

偷拍照片和视频作为证据的合法性

这一讲，我们要讨论"偷拍照片和视频"的合法性问题。

我们大家在电视、纸媒和网络自媒体中，都看见过偷拍的照片或视频，以此揭露一些违法和违反道德的事情。在此为了讨论方便，我将未经被拍摄人同意拍摄的照片或视频，统称为"偷拍"。有些媒体称这种图像为"非正常拍摄"。政府、企业事业单位和司法机关根据法律和内部规章安装的监控摄像头除外。一些商业机构，如酒店、商场和居民小区高楼电梯安装的监控摄像头，在此视为已经得到消费者和居民委员会的同意，这种情况也除外。这样限定之后，我们这一讲讨论的问题就集中在普通自然人的"偷拍"和"非正常拍摄"图像作为证据的合法性方面。

自然人在此可以分为普通人和记者两类。我们先来讨论普通人的"偷拍"问题。

普通老百姓未经被拍摄人同意，偷拍照片或视频，并网上传播已经屡见不鲜。社会舆论对这种情况普遍是持否定态度的。如果偷拍的图像涉及侵犯他人隐私权，或给他人名誉造成损害的，受害人可以作为自诉案件的原告向法院起诉。如果因各种原因不方便起诉，如不在同一地域等原因，也可以到本地公安机关报案，请求警方协助。但这种情况需要当事人提供充足的证据。

请看一个案例：

（以下信息源自杭州网）

2021年4月30日,杭州市余杭区的法院审理了警方侦查和检察院立案的全国第一起因偷拍视频转发侵害当事人名誉权的公诉诽谤案。诽谤案通常是自诉案件,但这起诽谤案是公诉案件。这种情况在此前是很少有的。这个案件的来龙去脉在央视午间法治栏目播出,引起全国观众的关注。2020年7月7日,杭州一女子到小区附近超市快递取货点拿快递,被在超市的老板偷拍,然后他伙同另一网友伪造该女子与快递小哥的桃色新闻,发到一个有500人的微信群,之后伪造成视频在网上迅速传播,影响了这位女子的工作和生活,导致她失去了工作,并患上精神抑郁疾病。后来该女子向当地公安机关报案。

2020年8月13日,杭州市公安局余杭区分局根据我国《治安管理处罚法》第42条之规定,对郎某某、何某某诽谤他人的行为分别作出行政拘留处罚。这两个被行政拘留的人出来后,向被侵害的女子道歉,但态度极不诚恳。该女子又向当地法院以诽谤罪起诉。当地检察院建议法院以公诉程序立案。所以这个案件就成为自诉转公诉的网络诽谤案件。

从这个案件中,大家可以感受到网络传播伪造视频侵害公民的后果。由于网络传播范围广、速度快,所以造成的损害程度比线下更严重。所以,杭州司法机关这种自诉转公诉的决定是很有意义的。这说明对于线上和线下的案件,在法律没有修改之前,司法机关可以采取灵活解决方案,以适应网络社会的快速发展,最大限度地保护公民合法利益不受侵害。

有些"街拍"是时尚网站转发的网友拍摄的作品,主要展示春季和秋季流行时装。这验证了那句话,大意是:当你在观看风景时,你也成了别人眼中的风景。

这些街拍虽无恶意,却也是未经过拍摄对象同意的。擅自将街拍的照片传到网上,被拍摄者的反应和受到的影响是截然不同的。有人喜欢,也有人不愿意。有人看了认为是一种秀,也有人不希望别人公开自己去哪儿了。虽然一般街拍与为了诽谤他人进行的偷拍是不同的,但是同样会侵犯到被拍摄人的肖像权和隐私权。如果当事人向网站提出删除街拍照片的要求,有关网站应该及时删除。百度网上有这样一个案例:

浙江的杨小姐和男友在宁波天一广场附近散步,被朋友告知他们被街拍了,网上有她和男友吃冰淇淋的照片。杨小姐得知后,立即要求网站删除照片。但该网站管理人员却认为:照片是网友拍的,它们无权随便删除,并且不涉嫌违法。同时网站还提出照片拍得很漂亮,秀出来也无所谓,所以不同意删除。

杨小姐联系律师发送律师函,提出未经当事人允许发布照片,侵犯了其肖像权,不删的话会追究法律责任。该网站仍然辩称:这是摄影爱好者交流之用,为了展示美,没有商业用途,没有丑化人物,仍然不同意删,而且为了尊重发帖者,还需要证明照片中的人确实是本人。

这样的网站真是令人无语！这类事情可能以各种理由出现在网上，或许很常见。但是网站以"没有商业目的""用于艺术交流""季节时装街拍"等借口，传播未经当事人同意的街拍，与偷拍是一样的。网站上述各种解释理由都不成立，如果将来被拍摄人提出诉讼，法律也会支持被拍摄人。（参见 2010 年 5 月 4 日的《宁波晚报》）

我国法律保护普通公民的肖像权和隐私权，所以对普通公民的偷拍行为是禁止的，违反相关法律要承担法律责任。偷拍通常是指未经他人同意，以秘密方式对他人进行拍摄的行为。或骗取他人信任，在他人认为没有被拍摄的情况下秘密拍摄的。偷拍是对他人权利的侵害，所以偷拍行为人需要承担相应的法律责任。

法律责任分两种：（1）行政责任：根据我国《治安管理处罚法》第 42 条的规定，偷窥、偷拍、窃听、散布他人隐私的行为属于侵犯人身权利的行为，处 5 日以下拘留或者 500 元以下罚款；情节较重的，处 5 日以上 10 日以下拘留，可以并处 500 元以下罚款。（2）民事责任：我国《民法典》规定，侵害隐私权等民事权益，应当承担侵权责任。承担责任的方式主要有：停止侵害、排除妨碍、赔偿损失、赔礼道歉、消除影响、恢复名誉等。

还有一种"偷拍"，即在出租房或酒店客房内安装针孔摄像头，录制视频威胁当事人要在网上传播，进行敲诈勒索。这种行为是违法的。

此类案件大部分发生于 2016 年之后。根据 2018 年 10 月 18 日《法制晚报》的报道："记者对数据进行梳理发现，33 件案件中，涉及酒店的 27 件，涉及出租房的 5 件，涉及其他地点的 1 件。27 件酒店案涉及全国各地酒店 35 家，其中经济型酒店 31 家，占比近九成。从发案地点上看,偷装针孔摄像头案可谓泛滥全国。记者统计发现,包括北京、深圳、杭州、苏州、成都、长沙、大连、哈尔滨、合肥、南宁、高雄、佛山、潍坊、梧州、中山、宜宾、绵阳、牡丹江、伊宁,以及海南琼海、吉林白山、江西乐平、广东雷州和河北兴隆24个各线城市,均被偷装针孔摄像头'攻陷'。"

记者还发现,"在33起偷装针孔摄像头的案件中,29起案件提及了摄像头的安装位置。其中11起案件的摄像头安装位置在电视机以及电视机柜里,占比最大;其次是墙上的插孔(电源插座、电话线孔和网线孔),涉及6起案件"。此外,还有的安装在卫生间、烟感器、空调排气管、天花板等位置,如图13-1、13-2、13-3。

还有媒体报道,有个别领导干部在酒店客房内被录不雅视频后被勒索敲诈钱财,同时由于这些视频所提供的证据,这些领导干部因违反组织纪律和国家法律,受到纪检监察部门的行政处分,构成犯罪的移送司法机关处理。

看到这类报道不禁想到,一方面,个别领导干部因不能遵纪守法,

图13-1 装在电源插座和数据线插板上的针孔摄像头

图13-3 针孔摄像头小到米粒一样大

图13-2 安装在路由器面板上的针孔摄像头

滑入腐败泥潭的行为理应受到党纪国法的处罚；另一方面，这种违法安装的针孔摄像头所提供的证据是否具有合法性呢？媒体对于后者很少有报道或评论。网上舆论对于后者也很少谈论，舆论主要集中在讨论个别领导干部违法乱纪方面。

网上还有这样标题的新闻视频：《黑老大指使女子应聘酒店服务员拷贝不雅视频报复国企高管》；也有某省"党校副校长被曝不雅视频，被有关部门停止其职务，并立即调查核实。情况核实后，该副校长受到党纪和行政处分"的报道；还有这样标题的新闻视频：《厅官因拍不雅视频被敲诈 X 百万元》。

网上也有"下属偷拍上级领导干部违法吸毒嫖娼"的视频。

关于此类揭露腐败案件的证据是否合法，还难以找到可以适用的法律依据。最高人民法院《关于适用〈中华人民共和国民事诉讼法〉的解释》第106条规定："对以严重侵害他人合法权益、违反法律禁止性规定或者严重违背公序良俗的方法形成或者获取的证据，不得作为认定案件事实的根据。"

也就是说，先要认定普通人偷拍领导干部腐败视频，是在没有侵害他人合法权益和违反法律禁止性规定的前提下，才能认定这些视频证据具有合法性。那么由谁来认定呢？现在看来，只能由法院来认定。法院如果采纳这种偷拍的腐败视频，并根据视频提供的腐败事实定罪，视频证据就具有合法性。否则证据的合法性就是不充足或不成立的。

1995年3月，最高人民法院《关于未经对方当事人同意私自录制其谈话取得的资料不能作为证据使用的批复》（已失效）认为："证据的取得必须合法，只有经过合法途径取得的证据才能作为定案的根据。未经过对方当事人同意私自录制其谈话，系不合法行为，以这种手续取得的录音资料，不能作为证据使用。"

面对面谈话私下录音的情况,与上述偷拍视频的情况,是有区别的:偷拍视频是"背对背"进行的。所以,1995年最高人民法院《关于未经对方当事人同意私自录制其谈话取得的资料不能作为证据使用的批复》的规定不适用于偷拍视频的情况。

上述法律规定时间都比较早,那时智能手机还没有出现,网络也没有现在这样发达,今天的情况发生了很大变化。智能手机普及了,网络带宽变大了,网速成倍提升,传播视频很方便。在新的情况下,法律还没有更新,还没有适应今天这种复杂情况的规定。

对普通公民而言,偷拍视频当然是违法的,但是如果被拍摄不雅视频的对象是个别领导干部或国企高管人员呢?这种视频能否作为他们违法乱纪的合法证据呢?现在网上有教人"深度伪造"视频的方法,也有出售相关软件的。所以"深度伪造"的视频传上网,虽然普通网民难以辨别真假,但社会舆论却很容易迅速发酵,确实值得研究。从前几年媒体报道的情况来看,一些领导干部和国企高管被撤职与不雅视频有直接关系。但是又没有直接说这些视频就是作出处罚的证据。因此,这类视频作为证据的合法性问题被回避了。

回避这个问题不谈,可能是难以将这个问题分析清楚,即以违法手段取得证据与处罚被拍摄人违法乱纪行为之间难以取舍。不采用这样的"违法"偷拍,就难以取得腐败证据。由于此证据对"反腐败"意义重大,所以偷拍的违法性显得微不足道。特别是现在社会舆论主流是反对领导干部和国企高管利用职权搞腐败,偷拍视频这种违法取证方式,也就容易被社会舆论接受。中国有句老话,叫作"以毒攻毒",也有这个意思。

我们选择一种特殊情况作一下比较。比如采用违法手段来惩治另一违法当事人。例如,我们在以往的报道中,看到过如下情况:逆子打骂老人,甚至扬言不给钱就要杀死老人,老人趁逆子熟睡时将其乱棍击毙。或者多名村民趁本村"恶霸"不备一拥而上，用锄头将其打死等。看到这类报道，我的第一反应就是，家人或村民一定是忍无可忍了，第二反应是采取这种行为是不是"正当防卫"呢？"主动出击"或先发制人是正当防卫的范畴吗？在这种情况下，即便被打死的是人们"公认的坏人"，是"村中有名的恶霸"，上述老人和村民们还是犯下了"故意杀人罪"，要被追究法律责任，受到国家法律的制裁。这说明法律也禁止这种"大义灭亲"或"为民除害"口号下的"替天行道"的行为。如果这样的行为不禁止，那么可能有人利用这种"口号"，报复杀害与其有矛盾的人，而逃避刑事处罚。所以在这类情况中，如果采取的方法是违法的，即使目的是正义的，也是违法，也要受到法律制裁。偷拍个别领导干部腐败视频的行为，目的是正义的，但偷拍的行为没有被追究法律责任，这能说明偷拍视频行为就是合法的吗？我的答案是否定的，虽然没有被追究法律责任，但这种行为也是不合法的。

现在我们来看几个在前几年引起舆论关注的在私人空间偷拍视频的事件。

2019年4月，某艺人在与朋友聚会的饭局酒后爆粗口被同桌偷拍视频，并在网上传播。这种情况发生在私人空间，又是在喝了酒的情况下，本来并不属于什么严重问题。但是被同桌的人用手机给录制下来，还传到网上，这就成为损坏明星形象的负面新闻。

比较一下，个别领导干部在单位开会讲话时爆粗口，被会场上的人拍下视频传到网上的情况。这种情况与上述演艺界明星在私人饭局中爆粗口视频有何不同？例如，网上至今还能看到《任性的领导讲话》的视频。

以下文字引自这段视频下面的说明：

这段《任性的领导讲话》视频显示：一位身着黑色外套的领导坐在会议室内一块写着"向人民汇报"的展板前，大声讲话，其中提到"国家规定是狗屁，我就不执行。你们把这个话记着，国家规定就是狗屁"。"谁提意见开除谁，谁要工资谁滚蛋。""我说谁腐败谁就腐败……"

据网帖反映，讲话人为"某市交通运输部门最牛的正科级干部"，这是在"全体干部职工大会上的讲话"。

后《齐鲁晚报》报道："11日上午召开紧急会议，对当事人作出停职处分，有关部门已进驻单位对此事进行调查，并接受群众来信来访。"

这段视频虽然也是偷拍的，没有经过当事人同意，也有不合法的"瑕疵"。但是作为领导干部在工作场合，面对全体工作人员讲话，应该尊重法律和有关规章制度。不能像在自己家里或其他私人空间那样，想说什么就说什么，想怎么说就怎么说。因为作为领导讲话要符合其身份，还要符合公共场所的要求。可能有人会问：如果这位领导知道会场中有人偷拍视频，他还会这样讲吗？对此，事后难以假设。但是无论是偷拍"惹的祸"，还是这位领导在单位就是如此无法无天，这位领导的言论无疑是错误的。同样，领导如此言论的错误比偷拍视频侵犯隐私权的错误更严重。所以上级有关部门只追究这个领导的责任，没有报道说还要追究偷拍视频者的责任。我虽然能理解上级部门这种处理问题的方法，但是我同时也认为，首先，作为领导干部，无论有无社会监督，都应该尊重国家法律，都应该遵守规章制度，言行都应该符合领导干部的身份和职责。其次，这种偷拍行为还是不值得提倡的。因为提倡的话，就可能扩大化和被滥用，会让人们感到随时有眼睛盯着自己，有录像记录自己的言行，个人言行不得自然、精神不能放松。谁也不希望生活在不自然、不放松的工作环境和社会空间里。

再如，学生偷拍教师在课堂上的视频并在网上传播，这种情况应该如何看待呢？网上有视频：披露教师在课堂上说脏话和骂人等。

网曝山东菏泽一男老师课堂训话，要树榜样传授学生如何混社会，其间脏话不断，3分钟问候他人母亲12次，称："只要你奋斗，谁都不能咋着你。"

这种学生偷拍老师的视频违法吗？我认为这个问题非常值得研究。在道德方面，对于中学生不应该采用成年人那样高的道德标准来要求。同时，这个视频拍摄的场合是学校课堂，属于公共空间，不是私人空间。作为教师在课堂上讲课，应该尊重法律和道德，不应该说脏话和骂人，也不允许传播消极思想，身为人师却用江湖说教和混社会的方法误导学生。这个教师的言论与其教师身份不符，学校和教育主管部门应该对这样没有师德的教师进行严肃处理。当然，在学校课堂，学生这种偷拍老师视频的行为也是不应当提倡的。虽然不能追究学生的法律责任，但是如果允许或提倡这种偷拍老师上课视频的行为，负面影响也是明显的，如教师不敢讲课，讲课时不敢现场发挥。更多的老师宁愿照本宣科，也不愿意冒任何风险。这样对于教学效果会产生不良影响。

"2020年10月27日，四川在线'问政四川'和川观新闻'民情热线'平台接到网友提供的一段9秒钟的视频。视频中，一位男老师在教室的讲台前，连续扇了一名女生三个耳光……"教师这种恶劣行为更是必须禁止的，同时应当追究当事教师的法律责任。虽然学生偷拍这个视频是不被提倡的，但是这个教师违反师德和法律的行为更加恶劣。

网上还可以看到学生偷拍警察不当执法的视频。例如，网上有这样标题的视频：《大学生偷拍民警暴力执法，被强行带回派出所，"屁股打开花"！》。

这种视频虽然是偷拍，但是拍摄的场合属于公共场所，当事人在一家店里因上厕所与他人发生冲突后警方到场调解。警员让他上车时车锁没开，却问当事人"不能上车吗"并用脚踢当事人。这个情况被在场的当事人的同学用手机录下来。后来警察将人带回警局进行殴打。这些都属于执法过程中的违法行为，特别是作为执法者，知法犯法，情节更加严重。上级领导已经对违法警察进行了处理。

现在还有一种相反的情况，与偷拍相反，是偷偷有意删除公共场所的监控录像。

这种情况特别容易出现在发生意外事故的中小学。本来学校的公共场所安装了监控摄像头，但是出了事故，当事人家属要看监控录像的时候，想看的部分偏偏看不到了。媒体对这类情况的报道屡见不鲜。网上讨论也非常多。这种情况有时还发生在企业、商场、歌厅、餐厅、医院、居民小区、街道等公共场所。公共场所安装监控录像的目的之一，就是发生问题时保存证据。同时，也为有关部门分析问题、分清责任、解决问题提供图像依据。但是，在发生意外事故之后，监控录像中有价值的部分看不见了，多数是人为有意删除的，目的是不想让人看。看不到视频了，问题的来龙去脉就看不到了，责任也分不清楚了。原来可能有责任的单位，就容易逃避责任了。

如果发生了人为有意删除公共场所监控视频的情况，是否需要承担法律责任呢？如何认定和追究法律责任呢？以往看到的报道都是不了了之。没有见过人为删除监控录像而被处罚的例子。可以推测：技术人员自己主动删除视频的可能性较小，上级领导指使技术人员删除的可能性较大。但是这些情况都是内部的，很难公开。虽然就个案来看，事件处理完毕，网络舆论也就过去了，但是给网民心中留下的阴影却长期难以消除。这样的个案积累多了，就会形成"信任危机"，网民不再相信领导说的话了。不管说的是事实，或不是事实，都不会再相信。所以从整个社会来看，删除监控视频录像的做法对整个社会的危害是非常大的。

例如，某 KTV 的经理伙同员工故意删除记录犯罪情况的监控录像，帮助犯罪人员毁灭证据，后被公安机关抓获。被告人王某、杨某以帮助毁灭证据罪分别被石景山法院判处拘役 6 个月和拘役 5 个月，缓刑 5 个月。

被告人王某是石景山区某 KTV 经理，杨某是该歌厅负责管理监控录像设备的员工。2013 年 4 月某日 23 时许，王某的男友因琐事与来歌厅消费的顾客发生冲突，并将该名顾客打成重伤。歌厅门口的监控录像设备清晰记录了整个案发的过程。为帮助男友逃脱刑责，王某指示杨某故意删除了该份监控录像。案发后，王某、杨某被公安机关抓获。王某的男友也因犯故意伤害罪被判处有期徒刑 4 年。

法院经审理后认为，被告人王某、杨某帮助他人毁灭证据，情节严重，其行为已构成帮助毁灭证据罪，应依法予以惩处。王某系主犯，应按照其所参与的全部犯罪处罚；杨某系从犯，可依法从轻处罚。鉴于二被告人自愿认罪，可再酌情从轻处罚。据此，法院作出相应判决。①

再如，根据央广网 2015 年 6 月 26 日报道，为毁灭朋友在小区门口打架的证据，保安主管郑某指使他人删除相关监控录像，给警方调查取证造成严重阻碍。郑某的哥们儿义气之举，也给自己惹上了麻烦。常熟市法院审理后认为，被告人郑某帮助他人毁灭证据，情节严重，其行为已构成帮助毁灭证据罪，应依法予以惩处。据此，法院依法判处郑某有期徒刑 1 年。

在离婚案件中，夫妻一方在未经对方同意的情况下，在家中安装监

---

① 参见《故意删除监控录像　帮助毁灭证据获刑》，载南岔县人民法院网（http://ycnc.hljcourt.gov.cn/public/detail.php?id=1328），2014 年 3 月 17 日访问。

控摄像头，获得另一方与第三者密切接触的证据。这种"偷拍"的视频资料可以被法庭认可为合法证据吗？我认为这种视频不能作为合法证据，法庭不应该采纳这种偷拍证据。但这并不影响法庭依据其他合法证据判决双方离婚。理由如下：第一，如果夫妻之间已经不信任到非要安装监控摄像头的地步，而且还是在不让对方知晓和同意的情况下安装的，这个行为本身已经说明双方的感情差到了什么地步。这种行为本身就是证明。第二，如果法庭采纳这种证据，那就相当于法律赋予当事人一方拥有警察权。因为秘密监控和侦查手段都是只有警察才有权采取的，普通公民没有这种权利，否则，我们的社会就会变成人人自危的"警察社会"了。第三，夫妻感情是婚后精神生活的重要组成部分，而且是以双方接受对方的精神为基础和前提的，如果要借助私下偷拍来取得证据，婚姻关系存在就无基础和前提可言了。

如果我们变换一个场景，夫妻当事人一方将这种偷拍的视频放到网上违法吗？这已经不是视频本身的证据合法性问题了，而是是否构成侵害他人名誉或诽谤的问题了。诽谤是以虚构的事实，对他人进行诬陷。由于视频是监控录像，不是伪造的，而是偷录的，也是事实。所以此行为与诽谤构成的要件不同。对于他人名誉造成侵害，我认为还是成立的。婚姻是当事人双方的事，有问题可以双方协商，协商不了可以诉诸法院解决。不应该将偷录视频放到网上转化为"公共事件"。假如有矛盾的婚姻的当事人一方，用移动麦克风在公共场所播放对方当事人不好的话语和信息，如同"街头演唱"那样吸引路人围观的话，路过的警察一定会干预的。网上转发的性质与上述"街头播放"是一样的。如果街头不允许这种行为，在网上同样也不允许这种行为。只不过是需要有人向有关部门，如网络主管部门、法院，提出停止侵害和承担侵权责任的诉求。网络主管部门应该阻止这种视频的转发，或受害人起诉到法院，要求判决当事人删除视频并承担损坏名誉权的赔偿责任。

前面讨论的都是普通人"偷拍"证据的合法性问题。现在可以概括成以下几点：

第一，被拍摄人在日常生活中，被偷拍及上网转发被偷拍内容是侵害当事人肖像权的违法行为，如街拍就属于这种情况。在这种情况下，如果当事人提出异议，网站应该配合删除。如果偷拍视频对他人进行造谣诽谤的，被害人可以涉嫌诽谤为由向法院提起自诉，检察院也可以作为公诉案件提出刑事诉讼。

第二，被拍摄人在私人空间的不当言语或举止被偷拍并上网传播，这应该被视为违法行为，当事人可以对偷拍者提出诉讼，要求消除影响和赔偿精神损失。

第三，在酒店、出租屋中私自安装摄像头，偷拍房客视频的行为是严重的违法行为，当事人可以向公安机关报案，检察院应对违法行为人提起刑事诉讼。

第四，被拍摄人涉嫌违法违纪行为被他人偷拍的，如个别干部腐败或开会爆粗口等行为被录像，除有关组织部门依法对腐败干部进行行政和刑事处理外，对拍摄者一般不追究责任。

第五，未满18岁学生偷拍教师在课堂爆粗口或体罚学生时，学校和上级教育主管部门应对该教师进行行政处分。

第六，夫妻相互不信任，在未经对方同意的情况下，私自安装摄像头偷拍对方与第三者的行为时，法院不应采纳这种视频为合法证据。

现在我们再来讨论记者"偷拍"照片配发新闻的合法性问题。这个问题比较复杂，具体可以分为以下几个小问题：

第一，记者为新闻采访的目的，偷拍照片在媒体上发表是否合法？

第二，如果合法，"偷拍"行为普及化，从最终社会效果看，是利大还是弊大？

第三，如果记者"偷拍"弊大于利的话，法律是否应该明文规定限制"偷拍"？

第四，在图像化社会到来之际，自媒体与官媒记者身份界限越来越模糊，而且自媒体手机摄影与录像已经普及，法律是否会对个人的肖像权和隐私权保护越来越淡化？

我们有时在电视和自媒体中看到官媒记者"偷拍"的视频，例如，记者偷拍外卖厨房照片（图13-4），偷拍食品加工黑窝点的视频和照片（图13-5）。

再如，非法添加有毒有害物质的食品加工作坊（图13-6），长春某地食品加工场所，将病死猪的肉加工成儿童香肠流入市场（图13-7），给活牛灌水的偷拍照片（图13-8），给生猪灌水的偷拍照片（图13-9）。网上这类照片很多，不胜枚举。

我相信记者进入上述厨房，或进入养猪、养牛场要拍摄照片时，应该不会公开记者身份，也不会公开拍照的。而是乔装改扮，用隐蔽摄像头，或在主人不注意的情况下拍摄的。这种情况应该属于"偷拍"，官媒在播报此类新闻时，采用的说法是"非正常拍摄"。记者隐瞒了身份，获得主人的信任，并同意其进入上述场所，才能"偷拍"到照片，有些还是视频。在官媒曝光后，该场所的主人一定会有"受骗"的感觉。他们欺骗消费者，现在记者又"以其人之道，还治其人之身"的方法"欺骗"他们。我虽然反对侵害消费者的行为，但是记者的这种揭露黑幕的方式，即"偷拍"的合法性的问题，是否也需要讨论呢？

第一，记者此举的目的是好的，是要揭露不卫生厨房等真相。这种照片和视频曝光后，相关消费者看到，感觉一定很不好。一部分消费者也许会认为：多亏记者偷拍到这些不卫生厨房等画面，不然自己吃的食

图 13-4

图 13-5

图 13-6

图 13-7

图 13-8

图 13-9

品是怎么做出来的根本不知道等。持这种观点的消费者一定会支持记者的做法。

第二，也许有少数消费者会问，虽然记者用镜头揭露了一些"黑厨房"等内幕，但是这种偷拍的做法是否值得赞扬和鼓励呢？记者是否拥有"侦查权"？而侦查权只有国家法律赋予的公安机关和司法机关才拥有。记者应该是以公开身份光明正大地调查事实，而不是隐瞒记者身份"偷偷摸摸"收集证据，或"乔装改扮"去潜伏侦查。

对于这个问题，网络上有不同看法是再正常不过的。因为人们的价值观是多元的，立场和角度也是多元的。所以没有可能在这个问题上"统一认识"。恰恰是中国那句俗语更符合社会的实际情况，即"公说公有理，婆说婆有理"。

现在讨论的问题是：记者采取非正常方式拍摄的道德支撑与记者是否享有公安机关"侦查权"。作为网民可以"公说公有理，婆说婆有理"，但是作为司法机关或立法机关，就必须作出明确选择。有时我们在政府的文件中，经常可以看到"既要……又要……"式的表述，表达主管部门要兼顾不同利益诉求。但是，我们更希望看到政府主管部门的倾向性选择，如"既要……更要……"的表述。

举一个例子：某刑事被告人的照片被记者配发在法治新闻中发表。该刑事被告人起诉记者未经他本人同意，擅自配发他的照片，侵犯了公民肖像权。法院经过审理，最后作出判决认为：该记者为宣传法治的目的配发被告人的照片不能认定为侵犯肖像权。

上述情况就会引发一个问题：记者偷拍外卖不卫生的厨房等，目的是好的，是为了维护公共卫生安全。但是采用"偷拍"这种手段却是不合法的。那么用不合法的手段来维护社会公共利益是否可取呢？如果政府和社会对这个问题没有一个明确的态度，后果可能两极分化：

一方面可能是上述不符合卫生标准的厨房消失，许多其他类似的食品加工点也消失，我们可以放心地从市场上购买安全食品；另一方面可能是偷拍现象普遍发生，社会上人与人之间的信任感逐渐消失。人们只要走出家门，就需要穿戴防止偷拍的防护用品，减少与其他人的交流，与其他人保持一定距离。这样充满疏离感的社会应该也是人们不想看到的。

这里需要进一步讨论的是，食品卫生安全是靠什么来维护的？显然不是靠记者的偷拍，而是依靠行业监管和经营者自律。

偷拍的照片和视频还有关于环境保护领域的，如图13-10、图13-11。

还有"冒死偷拍"违法使用未满18岁少年做工的画面，见图13-12。

也有记者挺身而出，以打工者身份，深入黑煤窑，拍摄黑煤窑雇佣智力障碍患者每天下井挖煤16个小时的视频（图13-13）。

这个问题变得十分复杂了，为了揭露违法犯罪行为，记者有权变换身份，乔装打扮进入内部收集证据，调查事实，揭露真相吗？这个问题如果要网民投票的话，大多数人一定是持肯定态度的。在这种情况下，通过"非正常拍摄"获得的照片和视频的合法性应该如何认定呢？这是一个复杂的问题。

关于"隐形采访"合法性的讨论：

《中国新闻工作者职业道德准则》（中华全国新闻工作者协会第九届全国理事会第五次常务理事会2019年11月7日修订）第6条第7项规定："严格遵守新闻采访规范，除确有必要的特殊拍摄采访外，新闻采访要出示合法有效的新闻记者证。"

那么由谁来批准或确认"确有必要的特殊拍摄采访"呢？我理解该

第十三讲 偷拍照片和视频作为证据的合法性 305

图 13-10

图 13-11

图 13-12

图 13-13

准则的意思是记者的单位,如报社、电视台或杂志社有权批准记者采取"隐形采访"并采取"偷拍"或称"非正常拍摄"的手段,以便获得第一手图像资料。

进一步分析,媒体的这种"隐形采访"批准权,又是根据国家哪部法律授权呢?我和学生们查阅了《民法典》《著作权法》《安全生产法》《食品安全法》《生物安全法》等,还查阅了《新闻记者证管理办法》《中国新闻工作者职业道德准则》等行业规定,也许我们查阅得还不够全面,目前没有查到"隐形采访"权利的上位法律依据。由于还没有具体的规定,可以认为,官媒的这个批准权是自己决定的,不是上位法律授予的。

现在回到前面提出的四个问题:

第一,记者为社会新闻的目的,偷拍照片在媒体上发表是否合法?经过查阅有关法律和行业规章,这个问题尚无具体规定,都是媒体单位自行决定。现在的情况是社会尊重媒体的决定权。

第二,如果媒体采用"偷拍"的方法揭露不法行为合法,从社会最终效果看是利大还是弊大?从现在的情况看,还是利大于弊。而且这种情况通常是媒体单位批准的,而且社会舆论尊重媒体单位的决定权。

第三,如果记者"偷拍"是弊大于利的话,法律是否应该明文规定限制"偷拍"?我认为答案应该是肯定的。只是不知道立法机关要等到什么时候才能把这个议题提到议事日程上讨论。电视新闻栏目中,总看见立法机关在开会,可能是要讨论的议题太多,而这个议题太"小",还排不上号。但是,这确实是关乎广大消费者的食品安全和健康,关乎广大人民呼吸、饮水安全和健康,关乎广大人民生命健康与安全的议题,还有什么议题比此还大?

第四,在图像化社会到来之际,自媒体与官媒的界限越来越模糊,而且自媒体手机摄影与录像已经普及，法律是否会对个人的肖像权和隐私权保护越来越淡化？我的看法是肯定的，因为法不责众。我们看网上的一个名人表情包案例，就能理解了。2018年针对"葛优躺"表情包已经打过官司，而且葛优胜诉并获得经济赔偿。但是几年之后，网上依然保留着"葛优躺"表情包，网民们依然在转发这个表情包，甚至许多网民都不知道当事人为这个表情包还打过官司。知道了依然也在继续转发，好像与自己一点儿关系都没有。这就是法不责众，大多数转发的网民并无恶意，只是觉得好玩。即便是违法的，情节也是显著轻微，不值得耗费精力打官司。另外，还必须看到，法律的制定与修改赶不上科技的发展速度，这也是人类科技发展的代价。

  我最后还要说的是，如何理解法律对所有当事人来说都是同样一把尺子，与具体个案由于情节不同导致裁判结果不同的关系呢？同样，我们提倡要让人民在每一个案件中，感受到公平正义。个案具体情况千差万别，如何让不同当事人都感受到公平呢？这就需要考虑个案处理时的具体情节，具体分析，具体裁判。因此，这说的还是处理问题的灵活性这个根本问题。所以法律规范是一致的，处理具体案件又是灵活的。在偷拍证据的合法性问题上，也是如此。

第十四讲
图像时代与法治社会

GRAPHIC AND LAW

图 14-1

秦始皇统一文字时,李斯写的峄山碑,原碑已经风化,这是复刻拓片

本讲我们讨论图像与法治社会。

我们先来看文字,文字有自己的规则,从秦始皇统一文字以来就有(如图 14-1),目的是便于人们交流。统一文字对社会经济的发展有着许多帮助。

但是凡事都有两方面:有利的一方面和不利的一方面。不利的方面似乎很少有人提起——限制了人们的想象力。例如,说话与书写必须按照一定规则,否则就是错误的。统一文字的这个弊病——文字书写规则的这些束缚,限制了人类的表达形式。文字的表达只能按照语法规则来进行,换一种方式书写在秦朝就是犯罪。现今如果参加语文考试不符合语法规则就要被扣分。但这在很大程度上并不会影响人的个性表达。当汉字的书写方法变成书法艺术,尽管在写法上分出篆、隶、楷、行、草各种书体,也还是不能离开各种书体的规则,书法家们也只能在墨色的浓淡轻重、运笔的快慢节奏变化、字体的大小、字数的多少等方面做文章。此时看文字的重点已经不是其内容了,而是看字的形状、意境和品味了,或俊秀,或雄浑,或妍媚,或野逸,等等。这时每个书法家的个性彰显出来,才能在书法艺术上评出神品、极品、能品等不同档次。

所以我们看传统文学,比如《红楼梦》或《白鹿原》,都是按照传统的文学叙事风格来描述世界的。但乔伊斯的《尤利西斯》不是这样,他采用了意识流风格来表达。按照传统的文字规则就看不太明白,要稍微换一种观念和视角:有时候是书里边的角色在跟作者对话,以前是心理描写,但是在意识流中变成了一种对话,甚至一页纸内容就一句话,直到最后才有一个标点符号。他创造了一种打破传统规则限制的办法,但是在当时,可能在一般人心目中,这种写法是难以接受的。但当时也有胆大的出版商,冒险出版了这本完全违背传统写法的书。虽然开始时百般不顺,但今天这本书已是文学史上的名著。

另外,像文学中的魔幻现实主义,比如马尔克斯的《百年孤独》,一些老作家,像莫言、陈忠实,当年都看过20世纪80年代中译本的《百年孤独》,对他们启发很大,特别是莫言,他后来获奖的《生死疲劳》,读起来也有魔幻现实主义的感觉。

还有其他文学风格的表达方式吗?当然还有,将来还会不断出现新的。作家们总是在努力对语言文字的表达方式进行创新、进行变化,只有如此才能凸显作者语言文字的创造力。如果反过来,人类文学数千年来都只有一种表达方式,小说都只有一种写法,那么早就不用评什么文学奖了。文学也传不下去了,因为人们都看腻了,看烦了。现如今,手机微信出现的网络语言,按照传统的语法来说,许多网络语言都是错误的,但是网民们不管了,错才有意思,如写"同学",偏要写成"童鞋";如写"这样子",偏要写成"酱子";"难受想哭",偏要写成"蓝瘦香菇"。这种无厘头式的语言叛逆,现在已经成为网络语言中的"网红词语",数以亿计的网民每天都在用,"百姓日用即道",传统规则拿这些"不符合规则"的网络"病句"真是一点儿办法也没有。

但是,从人类画出图像的第一天起,就从来没有任何国家、任何帝王企图统一图像的画法。人们可以根据自己的偏好,想怎么画,就怎么画。秦始皇也没有统一过图像,罗马帝国也没有统一过图像。怎么画画是由个人决定的,世界上有多少个人,从理论上来说,就会有多少种画法。每个人决定自己的画法,至于观众或者政府是否接受,那是另外一码事。如果只想自娱自乐,不考虑被市场或政府接受,那怎么画就是画者的自由。无论是儿童还是成年人,在画画的时候,并不需要像写文字那样,需要想那么多。因为没有画法的对错,所以画画是真正各美其美的(图 14-2)。

图 14-2
江苏连云港将军崖岩画,距今约有 4600 年的历史

图像的规则和文字的规则就不一样了。图像可以是微观的，也可以是宏观的，可以是俯视的，也可以是仰视的，还可以是鸟瞰的或细看的，我们的焦点可以变化，多点透视、多点打光也可以，在规则上没有限制。每个人可以自己创造一种画法，怎么想象就怎么画，欧洲奥地利画家克里姆特直接用金子贴在画上，当时没有人这么画，塞尚和莫奈的画的颜色也不是正常的颜色，但是我们看起来就觉得很美好。

再举一个例子，开车的时候可以看反光镜，可以看后视镜、看导航地图，因为看这些画面的时候不会分心，但是不可以看微信，打电话也不行，因为会让人分心。文字和图像的思维是完全不一样的，分别由大脑的不同部分在执行。

我们用文字和图像来表达想象力。如果我出题目，大家用文字写文章来表达，几百字很快就写出来了，水平也可以很高。但是如果出一个题目，请大家做视频，大家做图像作业的时候，每次重拍变化会非常大，可能所有的素材都会重选，所有的角度都会改变，变成完全不同的版本。所以各位制作视频的潜力非常大，提高的空间也极大，尽管很快就学会了制作方法，但是要达到很多人点赞的程度还是很难的。

我们来做一个实验，我放几张漫画，大家看图配上文字。

图 14-3 中有两头豹子，好像是夫妻，太太在刷碗，丈夫坐在椅子上享受。我们看原图的内容是什么？"I'm not asking you change your spots. I'm just asking you to take out the garbage."（译文："我没有要求你改变斑点，我只要求你倒一下垃圾。"）"要求豹子改变斑点"这个是一个英文谚语，意思是，要想让豹子改变斑点是不可能的，人不要抱着不可能实现的观点。但是把英文谚语用到做家务事的场景，恰恰是说妻子并不要求丈夫做太难的事情，帮助倒一下垃圾总是可以的吧？

我的问题是，这幅画也可以配其他的文字，那样就会变成另外一种

图 14-3

"My husband will be home at any moment—quick, take the accordion!"

图 14-4

意思。所以,一张漫画,如果作者不标注文字,观众可以从各种角度来理解,怎么理解都不能算错。反过来也是一样,画面上的这句话保持不变,配的图画可以换成另外一幅,也会表达不同的意思。

再看图14-4,漫画很幽默,内容是"My husband will be home at any moment—quick, take the accordion!"(译文:"我丈夫马上就回来了,赶紧把手风琴拿走!")画面上还有五线谱,说明丈夫经常在家里练琴。可能水平不高,不好听,成为噪声,他太太实在受不了啦。这就是这张漫画幽默的地方,虽然画面里手风琴不太显眼,但加上文字解释,意思就很明显了。

同样的道理,如果我们不看漫画的文字,同学们有各种各样的理解,都是可以的。画家有他想表达的意思,即便有文字,读者也不一定非要按照画

"You know I hate when you check your messages at the table."

图 14-5

家的意思去理解。例如,可以理解为:"别动那个蜡烛台,那是我先生求婚的礼物!"

再看图 14-5,如果没有字的话,我们可以看到男人抱着一只信鸽,饭桌上摆着信鸽带来的信。作者在漫画下面标注的文字是:"你知道我一向不喜欢在桌上看信息。"现在有的"微信控",无时无刻不想着看看手机上的信息,即便在饭桌上,也不时地要看一眼手机,走火入魔了。如果将这样的场景画成漫画,由于读者已经司空见惯,难以产生幽默感。但是这幅漫画的作者很夸张,画的是看信鸽传递的信息,这是很罕见的。你们见过在餐桌上抱着信鸽的人吗?都没有,所以就有幽默感了。贾平凹写过一本书叫《废都》,男主角和他的情人就是用信鸽传递信息的。

我们反过来再做个实验。我们现在看文字,想象这个应该是怎样的画面。

第一句是:"人有大脑为什么还要用电脑?"我们随便说一句话或写一行字,大家听到的语言或看到的文字都是一样的。但是每个人想象的画面都是不一样的，而且每个人在不同时间想象的画面也是不一样的，所以这个情况非常复杂。

刚才看画的时候差别不是太大，例如我们看的图 14-3 里的两头豹子，一个干活儿一个不干活儿，无论怎么描述都不会有很大差别。但是比较刚才同学们语言形容的画面和在黑板上画出来的草图，即看一段文字描述画面的话，那差别就太大了。

这些画图试验，从另一个角度告诉我们：语言文字与图像的差别如此之大。

再来做一个实验，这句话是"今晚要加班？"大家脑子里想到的画面不一样，情绪也不一样，要表现内心情感就太难画了，要准确地表达想象的画面，是非常难的，这不是绘画技巧的问题，而是每个人对加班的感受不同。

参考网上的加班搞笑图片（图 14-6、14-7）：

我们用文字表达，表达速度非常快，语言文字表

图 14-6

图 14-7

达的水平非常高，因为大家都有很好的文字表达能力，可以把我们的想法、感受、观念表达得很好；反过来用图像方式来表达，大家表达速度明显不同，有的同学比较快，有的同学比较慢，画草图的时间也较长，思考画面的时间也较长。这说明，我们大家平时花在文字思维上的时间很多，很熟练，花在图像思维上的时间很少，不熟练。

我再问一个问题，文字表达和图像表达，如果要选择一个，大家会选择哪个呢？它们的差异在什么地方？为什么文字表达这么快，绘画表达这么吃力？我这里给出四个选项：A. 是绘画技巧的问题，B. 是图像思维的问题，C. 是透视技巧的问题，D. 是构图比例的问题。

我的理解是图像思维的问题，就是说，迅速地把一个想法转化成图像的能力是需要训练的，但是我们从小学到大学，很少有人做过这种训练。大家做的都是文字训练。我认为，只有文字训练，没有图像训练，这对于理解现实和表达观念，都是非常不足的。

我们用手机拍照片也是如此。虽然每个人都可以用手机拍照片，但是要真正拍出一张好照片，它的要素是什么？这个问题我们并没有太多的了解，或者我们从理论上理解了，但实际操作还实现不了。

所以真正的问题还是图像思维能力不够。学会图像思维的方法，图像表达的速度就会加快，图像表达的水平很快就会提高。画一幅大画，可能需要一周或几周时间才能画好，但是你能想出一个好画面，不需要这么长的时间。也许瞬间就产生了一个感人的画面，或者想到一个让人感觉很新奇的画面。对一个成熟的画家或者一位成熟的图像专家来说，他们用图像来思维的经验很多，只要想到什么图像，就能画出来，或用手机拍摄出来，或用平板绘制出来。对于他们来说，问题是不能经常想出好的图像或画面。有些画家绘画技巧非常高，有些摄影师拍摄的技术也很全面，但是他们的画面或图像没有什么新鲜感，或者看了之后没有给我们留下深刻印象，这个问题的解决要靠学绘画技巧吗？不是的，而是要解决更高层次的图像思维问题。

我们都听过歌，被歌声感动的原因是技巧吗？是歌词吗？是旋律吗？不同的人有不同的唱法。汪峰有一首歌叫《春天里》，两个打工兄弟去唱，他们嗓子好吗？一般。长相好吗？很普通。两个人都不是像歌唱家或电影演员那样的，但是这两个人唱歌的视频传出来就火了，当时还没有抖音呢，都是在网上传播，最后这两位"打工族"歌手还唱到中央电视台了。他们的歌曲被广泛传播的原因不是歌唱技巧，也不是音色，更不是长相，而是他们真挚的感情。他们演唱时的感情能够打动观众，这使得歌声更加动人。真实的感情流露出来，并与他们个人的生活体验结合，两者达到了高度一致，达到了我们心目中所预期的效果。还有一个原因——传播渠道，有了互联网，这两位打工歌手的演唱才能被网民听到。如果没有互联网，没有这种音像传播技术，就不会有这么多人听到。

所以，同一首歌，不同的人演唱，效果是不同的。有的感动人，有的不能感动人。演唱如同绘画，因人而异。

回过头来看，现在手机上的图像越来越多，看都看不完，推送的内容是海量的，我们无形中花了很多的时间，但是确实也有实用的内容。比如说拿图像作为教学手段，一个菜我不会做，百度上找个教学视频，不是看文字描述，而是在画面中看别人做这个菜，视频中的老师一边说一边做，看完了印象就很深。如果光看菜谱上的文字，不一定能学会操作，但短视频是实实在在地演示，就像《舌尖上的中国》，演示得很清晰，比看菜谱生动多了。看视频学做菜，一开始做得可能不如人家那么好，但多做几次就差不多了。

比如说我不会某种电脑操作，老师和同学又不在身边，怎么办呢？他们发一个视频教我操作，看了以后很容易就学会了，看文字教材学电脑操作不如看网上的教学视频，因为看教学视频，更加直观，好像一对一、面对面地在教我们。看老师是怎么操作的，就拿着手机或在电脑上跟着操作，这样很容易就学会了。

绘画、篆刻、太极拳、瑜伽、舞蹈、唱歌等，都可以通过视频教学学习，我认识的一些老师退休以后就看了很多唱歌方面的视频，也跟着学会了很多。

大家可能看过罗翔的刑法课视频，我也看过很多他的讲课视频。而且有人跟我说，整个疫情期间，他就是靠看罗翔的刑法课撑下来的，第一个告诉我罗翔讲课视频的人是学校讲堂的一名工作人员。我听到这个名字以后，在百度上找到了很多的视频，罗老师确确实实讲得很有趣。

然后我就看了他登上脱口秀舞台的视频，他脱口秀说得也好，说脱口秀确实不容易，需要在三分钟之内把人逗笑，不要小看这个视频，这是一个很难的说话技巧，而且还要在脱口秀里加入知识，不能太俗。我过去很喜欢听相声，但是现在感觉相声不如脱口秀搞笑，因为脱口秀讲的内容是非常正当的，不像相声，多是贬低自己或自嘲家人的内容。

中国的刑法老师有那么多，包括北大、人大、清华、法大等学校的全国很有名的刑法老师。中国的法学院有几百所，刑法又是个非常大的学科，刑法老师可能有几千人，讲得好的人不止他。但现在全国有1000万人知道罗翔，而知道别的有名的刑法老师或刑法教授的人远没有这么多！

原因很简单，就是视频传播。他讲的是网课，上课的视频被传到网络上，然后被传到抖音、今日头条等，很多地方都可以看到，而且是免费看的，这一下就火了。他讲得确实很招人听，不管是要学刑法，还是只是要看视频，都被他吸引住了。他的语言如此之生动，讲话的内容如此之尖锐，他讲课不是照本宣科型，在视频里他把不遵纪守法的人戏称为①"人渣"，这在逻辑上没错，但是我们不会这样说。法律要求确实比道德要低，我们学法律的都理解，但是就这么在视频里讲出来，也就他敢，我是不敢说。

所以大家不要小看视频，它确确实实使一个人有1000万观众，这简直不可想象，这是著名歌星的量级了。过去一个歌手，要到工人体育场开演唱会、发很多的唱片，才会有这么多听众。现在居然一个大学的刑法老师，不用去工人体育馆、不用上春晚，就在小小的手机或笔记本电脑屏幕前讲课，借助互联网也能达到同样的效果，甚至效果一点儿不

---

① 视频内容为《十三邀》主持人许知远采访罗翔老师，载 https://www.bilibili.com/video/BV1ih411f7hg/?spm_id_from=333.788.videocard.10，2020年9月1日访问。

比歌星差。过去我们看一个歌星的演唱会，只能在电视上看转播或者直播，到现场是不可能的，但是我们现在都不去现场，因为疫情的原因，也根本没有现场，在家里就可以看。罗翔的视频完全是靠内容来吸引人的，确实是不一样的。

一个三五分钟的视频，能教会人一种技法、一种方法、一个小窍门，也可以使一个普通人成为一个网红。所以这样的短视频越来越多，质量越来越高，这使得我们的耐心越来越差，觉得三五分钟时间很长，甚至觉得一分钟都长。大家看李雪琴的脱口秀，视频就三分钟，观众笑了好几次。现在的文章，在手机上读起来时间有点长了人就不耐烦了。

短视频更新的频率非常高，内容节奏也非常快。我发现有两部类似的电影，名字也差不多，即《我和我的祖国》与《我和我的家乡》，都是电影，但是每个片子都分成四个部分，每个部分不太一样，组合在一起，看起来就感觉节奏很快。如果一部电影就讲其中一个部分，把时间拉长，效果会不会更好？不一定。

这两部电影里面导演很多，每一段都有导演，总共有七八个单位参与，和以前不一样。这样的"集装箱式"电影将来有可能会越来越多，电影可能会由五六个小部分组成，但总共也是一个半小时或两个小时时间，节奏很快，很有新鲜感。

每个很普通的、很平凡的人，都可以通过视频表达自己。过去是我思故我在，现在是我发视频故我存在，把一些东西放在视频上，就不是只有我自己知道，而是大家都知道我在干什么了。我在大家眼中的存在感就产生了。

举个例子，有同事给我介绍，说有一个分类型的视频平台叫小红书，我就到网站上去研究。我发现它是2013年在上海成立的，创始人是毛文超和瞿芳，到2017年小红书被《人民日报》评为代表中国消费科技产品的"中国品牌奖",只用了5年时间。

我们先看一个例子。小红书上有一个视频用3分40秒的时间将单位上班族写稿子的注意要点、方法、体会完整讲了一遍,视频的制作者是一位体制内的文字工作者,自己用短视频拍自己的工作体会,然后传到网上,在小红书平台上播放,有1万多观众。我看了几遍,感觉内容确实很好,让我得到了一些写作经验,如果不是用这种方法,能在3分40秒钟把这件事说明白吗?放在网上会有1万人去看吗?不会的。视频的效果完全不一样,有音乐、有图像、有人物、有场景、有重点提示的关键句,让人看起来印象很深,甚至可以量化出各阶段的时间比例。

虽然视频作者分享的是个人的写作方法,但是很有参考价值。如果将来你们到单位做文字工作,要给领导或部门负责人写一些东西,怎么写呢?写的内容适合他讲吗?这就有一套方法,这是自己总结出来的方法,放到网上就有人喜欢看。

小红书的两个创始人都很年轻。一开始我以为小红书就是网络直播带货的网站,它在河南有个销售点,员工只有100多人,不到一年的销售额达7亿元。这是一个大型网络平台,是个带有商业色彩的网站,它还有很多其他题材的视频,包括读书、个人介绍自己的工作经验等。

另外,分众短视频也非常多,前不久中国传媒大学开过一次会,对分众短视频进行了一些探讨,其中赵辉教授认为,分众短视频是高速向全人群、全时段、全场景渗透的流量高地,以往只有大媒体、主流媒体才有可能达到这种效果。比如每天晚上7:00的新闻联播,收视率占11.5%,中国的电视用户有3.6亿人,3.6亿人的11.5%逾4000万人,意味着同一时间有4000万人在看这个节目,这是全国收视率最高的节目。

但是分众短视频根据不同的圈子、不同的地域等划分受众,像抖音、快手这些分众平台,用户数量都已经超过6亿,即使在中国,达到几千万的数量级,都是不得了的事情。1000万人,1人花1元钱就是1000万元。所以短视频带货兴起,各种美容、美食、健康类视频都已经非常普及,教育类视频也是如此。

比如我们想学书法,就可以找一个写书法的视频看。我们学书法时,往往不知道怎样写出节奏,过去看字帖,比如王羲之的字帖,不知道写出来的过程,只能看到最后的结果,现在视频将整个过程为我们演示出来,就会发现它的写法,你不这样写就达不到这样的效果。

我们再看一个很感人的视频画面,这是一位88岁的老太太,亲属因为疫情不能来,所以自己给自己过生日(图14-8)。图14-9是帮助老年人的漫画,也很感人,但视频和漫画效果完全不一样,视频更感人。虽然漫画绘画技巧很高,不和视频比较的话,其实已经非常好了,但是漫画没有声音,并且画面是静止的。

更重要的是,漫画需要画家才能画出来,大家不经

图14-8

过训练难以达到画家的水平。但拍视频不需要像学美术那样经过很多训练,一个手机就解决了,只要把手机找准一个角度摆好,之后按录像键,一个人在这说就行了。从摄像角度来看,你可以看到这个生日视频的构图非常舒服,光打得也可以——虽然没有专门打光,声音也很清楚。这个不需要长时间的专业训练,大家稍微练习一下一定比这老太太做得更好。

通过上述视频和漫画的比较可以发现,时代变了。过去是画图的时代,只有画家才能绘画,而且画家需要训练比较长的时间,但现在不需要,用手机就可以拍视频,只不过需要你们有意识地去做这件事。当你突然开始有意识地拍视频,拍下自己每天的生活、每天的想法,在网上与人分享,一个普通人做着做着,也可能会有1000万人关注。就像罗翔一样,在中国有这么多刑法老师,但是这么多人中大家就知道罗翔,罗翔这位普通老师就不再普通。

图 14-9 南城老李

一个老太太一个人在家过生日，没有谁会关注这件事情，地球上这么多人，不会有多少人在意她的存在，但是这个视频配上中文翻译传到中国来了，不用动员，完全依靠网络就做到了。所以我发视频故我存在，就像我思故我在一样，你不发视频，你的存在可能没有人知道。

短视频确实成为媒体网络上一个提高知名度的抓手，把我们的日常生活改变了，我们的日常生活变成可以分享的，人民群众生活中的美好都可以为大家所共享，可以带动很多东西，也可以使中西方文明相互碰撞。

短视频的生产主体也是多元的。无论是教学、线上办公、分享体会，或者是其他方面都可以。中国现在有3000个左右的县区，有些县区我们可能一辈子都不会去，甚至都不知道它在哪儿，但是视频带来了不一样的结果，我可以"云"参观那个县了。

2020年11月11日，抖音上一个叫"微笑收藏家波哥"的账号发了一个10秒钟的视频，这个视频大家可能都看到了，视频里是一个叫丁真的小伙子（图14-10）。这个10秒钟的视频点赞数超过200万，丁真没有什么特别的，视频里也没有搞笑剧情，没有文字，也没有语音，就是丁真在那对着镜头走，也没说话，也没有化妆，但是这个短视频就火得一塌糊涂。

200万次点赞是什么概念？大家可能都不在意，但我这个年龄的人太在意了。大家知道《人民日报》每天发行多少份吗？320万份。但是这320万份花费了多少人力、物力？而且这个报纸已经有多少年的历史了，《人民日报》在全国有 48 个记者站，成千上万的记者每天出版和传播这份报纸。假如想在《人民日报》上发一篇关于丁真的文章，文字水平要求极高，门槛极高，政治正确更不用说了，还得有内容。但是这个 10 秒钟短视频，只是一个叫"波哥"的人随手一发，观众就多达 200 万人。

后来还闹了一点儿小笑话，丁真有个视频本来是要宣传四川理塘风景的，但是别人问这个小伙子最想去哪儿？他说："我最想去拉萨。"人们的视线就都转向了西藏，把游客全都导向西藏了。

有了短视频，全国 3000 个左右的县城，一个县里面还找不到一个这样的人吗？一定能找到的。中国过去产值最高的县级市昆山，年产值有 4000 多亿元，比宁夏、青海、西藏整个自治区的产值都高。人口最少的县在阿里地区，只有 6000 人，开酒店都找不到服务生。有了网络之后，这里不为人知、少有人到访的情况就会发生改变。

荷兰有一个非营利项目，叫"Radio Garden"，现在做成了免费的 APP。它利用谷歌地图的地理坐标，在世界地图上任意点到一个地方，当地电台广播的声音就出来了，各种语言都能提供。我在美国访问时试了，可以收听到上海地方台，广州讲粤语的地方广播电台也能收听到，北京台也有。网络可以实现这样的功能，因为有设备，有全球地图，也

图 14-10 丁真

有具有收搜全球广播的功能的电台。

过去有一种爱好者全世界都有，那就是无线电爱好者，他们比拼谁能拿到更多的无线电台证书。这些证书是怎么拿到的呢？他们通过收音机收听外国的地方广播电台的广播，通过播音来猜无线电台的地址，然后写一封信过去，如果地址正确，电台会寄来一张证书。现在"Radio Garden"出来了，全部电台都连接到网络上了，在网上都能听，各种语言都能听到，我当时学日语，就在美国找到了日本当地的广播电台。

谷歌的智能电视，包含了全球所有的电视台，中国也有这个系统，可以看到中国任何一个小地方的电视台，可以把全国连在一起，谷歌的是把全世界连在一起。这对普通大众来说没有意义，但是对于特殊的、一个在外的游子来说，能够听到家乡的声音，意义就非常重大。

1996年出版过一本书，是北大新闻传播学院教授胡泳等翻译的，叫《数字化生存》，这本书的作者是麻省理工学院的尼葛洛庞帝教授。今年是2020年，正好是这本书出版25周年，回想起来，几乎书中所有的预言都变成现实了。

麻省理工学院的这位教授现在还健在，记者采访他，问他为什么有这么强的预知能力，他说他也没有仔细研究过，就感觉应该是这么回事。他在书中举过一个例子，过去的唱片受版权保护，很多人带着盗版唱片过海关，被抓到就要罚款，但是网络的发展带来数字化的传播方式，人们在自己的电脑上就可以卜载歌曲来听。

现在已经很少有人听唱片了，黑胶发烧友是例外，大部分听友都在网络上听音乐。美国一首歌收费0.999美元，大家都不在乎这点费用，这意味着做音乐能赚很多钱。以至于现在有一种网站，即使不是成名的歌手，也可以在上面放自己的音乐，根据点击量提成。很多大学生就在做这样的事情，把自己作曲或者翻唱的歌曲放到网上。小型电影也是这样,直接放到网上让所有人观看,根据点击量提成。

更重要的是,有了网络,我们获得知识的速度变快,成本降低,而知识本身的传播范围变大,创造知识的人的知名度提高,知识折旧的速度也变快了。两年前学的东西,可能今天就被淘汰了。这意味着什么呢?我们人类本身也在加速发展,如果停留在原地,其他人走远了之后,我就什么都不知道了,就会被淘汰。

现在是2020年,25年后是2045年,各位有谁能预测一下2045年是什么情况吗?发挥你们的想象力。是不是现场展示和视频展示就合一了?虚拟和真实是不是都难以区分了?是不是大多数情况下人们看到的虚拟世界同时也是现实世界呢?

我们的生活已经被改变了很多,就像现在大家出来聚会,都是坐在一起各自玩手机。短视频的出现,导致我们看图像已经只有一分钟左右的耐心,长篇大论的文章,在三分钟内看不完,就没人看了。如果把文章图像化,阅读量就会增加。

我们今天关于文字的规则,现在是正确的,但在将来或许就会被认为是不正确的,因为越来越多的网上新创造的规则被我们接受。现在的很多词汇,对与错也不重要了,大家都这么说就成为习惯了,比如"人艰不拆",这种话大家现在也不会认为有什么特别的。

我的想象力真的不够,各位可以想象一下25年后是什么样子,如果你们不愿意去想,可能将来就会被淘汰,要不然就是盲目地跟着潮流跑,可能花了很多精力,但跟别人走是没有前途的,永远有下一个潮流。只有想了,想清晰了,才能作出有价值的选择。

谢谢大家。

图片来源

Page 009	图 1-3 人民视觉	Page 169	图 8-4 ROBERT LEVER / 视觉中国
Page 011	图 1-4 AP/ 视觉中国	Page 187	图 9-18 胡月 / 视觉中国
Page 017	图 1-6 陕友 / 视觉中国	Page 187	图 9-21 Vectorstock/ 视觉中国
Page 029	图 2-1 洪兵 / 人民视觉	Page 187	图 9-22 SWNS/ 视觉中国
Page 035	图 2-2 Bettmann/ 视觉中国	Page 208	图 10-6 Hulton Archive/Getty Images/ 视觉中国
Page 036	图 2-3 DEA / G. DAGLI ORTI	Page 209	图 10-9 Bettmann-Corbis/ 视觉中国
Page 039	图 2-5 Westend61/Getty Images	Page 212	图 10-13 读图时代 / 视觉中国
Page 051	图 3-4 召亮 / 视觉中国	Page 214	图 10-17 档案资料 / 视觉中国
Page 054	图 3-9 SWNS/ 视觉中国	Page 216	图 10-18 档案资料 / 视觉中国
Page 056	图 3-13 SWNS/ 视觉中国	Page 219	图 10-21 读图时代 / 视觉中国
Page 082	图 4-16 人民视觉	Page 220	图 10-22 文化传播 /FOTOE/ 视觉中国
Page 109	图 6-3 Christopher Furlong/Getty Imag	Page 222	图 10-24 档案资料 / 视觉中国
Page 118	图 6-18 茹科夫画册	Page 222	图 10-25 档案资料 / 视觉中国
Page 118	图 6-19 茹科夫画册	Page 225	图 10-29 饶国君 / 人民视觉
Page 119	图 6-20 ChinaFotoPress/ 视觉中国	Page 225	图 10-30 饶国君 / 人民视觉
Page 147	图 7-9 南方都市报 霍健斌 / 视觉中国	Page 226	图 10-32 人民视觉

Page 227	图 10-33	人民视觉
Page 227	图 10-34	人民视觉
Page 227	图 10-37	人民视觉
Page 228	图 10-38	人民视觉
Page 239	图 11-12	档案资料 / 视觉中国
Page 240	图 11-15	Stone/Getty Images
Page 246	图 11-27	Charles Ebbets/Bettmann/ 视觉中国
Page 247	图 11-28	Joe Rosenthal/Universal Images Group via Getty Images/ 视觉中国
Page 247	图 11-29	Yevgeni Khaldei/ 视觉中国
Page 248	图 11-30	Lewis Hine/Bettmann-Corbis/ 视觉中国
Page 249	图 11-31	eyevine/ 视觉中国
Page 255	图 11-41	Steven Day/ 视觉中国
Page 269	图 12-9	BEHROUZ MEHRI/ 视觉中国
Page 277	图 12-22	alexgallery/ 视觉中国
Page 277	图 12-23	Shepherd C.Zhou/ 视觉中国
Page 313	图 14-2	七天 / 视觉中国
Page 327	图 14-10	视觉中国